Chinese Cities' Sci-Tech Finance Index 2024

中国城市科创金融指数 2024

余　洋◎著

中国经济出版社
CHINA ECONOMIC PUBLISHING HOUSE
北　京

图书在版编目（CIP）数据

中国城市科创金融指数.2024 / 余洋著.--北京：中国经济出版社，2025.3. --ISBN 978-7-5136-8049-3

Ⅰ.F832

中国国家版本馆 CIP 数据核字第 2025E8A437 号

责任编辑　赵静宜
责任印制　李　伟
封面设计　久品轩

出版发行　中国经济出版社
印 刷 者　北京艾普海德印刷有限公司
经 销 者　各地新华书店
开　　本　710mm×1000mm　1/16
印　　张　13
字　　数　200 千字
版　　次　2025 年 3 月第 1 版
印　　次　2025 年 3 月第 1 次
定　　价　98.00 元
广告经营许可证　京西工商广字第 8179 号

中国经济出版社 **网址** http：//epc. sinopec. com/epc/ **社址** 北京市东城区安定门外大街 58 号 **邮编** 100011
本版图书如存在印装质量问题，请与本社销售中心联系调换（联系电话：010-57512564）

前　言

近年来，科技创新已成为全球经济增长的核心驱动力，而科创金融作为支持科技创新的重要引擎，正发挥着越来越关键的作用。2023 年以来，我国科创金融行业在政策支持、市场创新和区域试点等多方面取得了显著进展，国家进一步优化科创金融政策支持体系，深化区域科创金融改革试验区建设，区域创新生态逐步形成，科创企业融资环境显著改善，为科技创新和高质量发展提供了强有力的金融支撑。

然而，面对复杂多变的国际形势和国内经济转型的深层次需求，科创金融行业也面临着新的机遇与挑战。如何平衡创新与风险，如何进一步提升科创金融服务的普惠性、精准性、高效性，都是行业需要深入思考的问题。与此同时，科创金融服务行业也需在风险防控、国际化布局和生态体系建设等方面持续发力。展望未来，随着政策支持的持续加码、资本市场的深化改革以及金融科技的广泛应用，科创金融服务市场也将迎来更加广阔的发展空间。

2024 年是“中国城市科创金融指数”第二次发布，在沿用上一年核心研究框架的基础上，本期进一步聚焦科技创新与金融服务相互支持、融合发展特点，继续从融资、投资、绩效和政策等四个维度跟踪分析国内 36 个主要金融中心城市金融支持科创活动的最新状况。希望通过本书的研究，为政策制定者、行业从业者以及学术研究者提供有益的参考和启示，共同推动我国科创金融行业的健康发展，为科技创新和经济高质量发展注入持久动力。

目　录

评价篇

实践篇

评价篇

第一章 科创金融景气指数研究框架

1.1 研究背景

党的二十大报告提出，要完善科技创新体系，坚持创新在我国现代化建设全局中的核心地位，强化国家战略科技力量，提升国家创新体系整体效能，形成具有全球竞争力的开放创新生态。科技创新离不开金融的有力支持，引导金融资源向科创领域配置、促进科创与金融融合发展，是激发创新活力、增强创新动力的根本要求。

2021 年 11 月，国务院批复了《山东省济南市建设科创金融改革试验区总体方案》，济南成为全国首个科创金融改革试验区。一年后，中央再次印发了有关科创金融改革试点的方案，将上海市、南京市、杭州市、合肥市和嘉兴市纳入第二批科创金融改革试验区名单。科创金融改革试验区在建设伊始，就肩负起了为全社会探索金融支持科技创新和服务实体经济可复制可推广经验的重大使命。为此，相关试点方案均提出了“探索开展科创金融统计，定期开展统计评估工作，全面、准确反映试验区建设进展和成效”的相关保障要求。

在此背景下，中国城市科创金融指数（Chinese Cities' Sci-Tech Finance Index，CCSTFI）应运而生。通过运用产业经济学、产业金融、竞争力评价等最新理论，结合国内科创金融行业发展特点，中国城市科创金融指数构建了一套能对我国重要城市科创金融发展动态变化情况进行科学、全面衡量，前瞻性反映地方科创金融改革发展成效的评价体系。希望该评价体系能成为反映我国科创金融发展形势的晴雨表、国家和地方制定相关政策的风向标、企业投资决策的参照系，为我国科创金融改革试验大业提供绵薄之力。

1.2 评价方法

指数是一种分析事物现象数量变动或差异变化的一种重要统计方法，可以综合说明复杂的事物现象变动的趋势规律、影响因素以及引起变动的本质原因。利用指数研究因素众多、过程复杂、影响多变的社会经济现象，对透过事物现象理解本质规律具有很好的统计解释作用。

科创金融以服务科创产业、助力实体经济发展为根本要求，其发展特征既蕴含科创及金融产业属性，也包含科技创新与金融赋能过程中相互作用激发的新特点。科创金融领域的兴衰发展是通过一系列产业经济活动来传递和扩散的，任何一个经济变量本身的变化特征都不足以代表整个领域发展变化的特征，必须综合考虑科创与金融相关联领域的变动特征和相互影响特点。基于这样的特性，选择采用景气指数的编制方法来综合观察、评价科创金融的动态特征是更为契合的。

景气是一个用来定义说明经济活动活跃水平的概念，一般把经济活动处于上升繁荣趋势的状态定义为景气，把经济活动处于低迷下行趋势的状态定义为不景气。景气指数又称景气度评价，是综合反映某一社会经济现象所处状态或发展趋势的评价体系。景气指数具备时效性强、准确性高和可预期性等功能优点，目前已经广泛用于宏观经济、专业行业等领域的监测预警分析，常用的景气指数编制方法有合成指数编制方法、扩散指数编制方法、主成分分析法等。

1.3 评价要素

科创金融作为新概念、新事物，目前缺乏统一数据标准，数据可得性较差，同时科创金融与科技创新和金融实践的探索紧密相连，处于不断发展变化阶段。因此，对科创金融的评价将采用客观数据与调查问卷数据相结合的方式，即梳理提炼评价要素，科学构建景气指数，更为立体、动态、前瞻地评估与监测科创金融的运作活跃度和成效。具体而言，将从融资、投资、绩效、政策环境四个方面着手，提炼科创金融的评价要素。

1. 科创金融融资情况

科创金融的融资，是科创金融运行最核心的活动之一。目前，国内科创型企业的融资渠道主要包括小微企业贷款和风投创投、IPO 上市等直接融资，二者分别通过普惠小微企业贷款余额占比、科创型企业直接融资增量这两个客观数据进行评价。但这两个数据只能反映科创金融融资当下的情况，而不能反映科创型企业的融资成本、融资意愿、融资难易程度等情况的趋势和动向。因此可以通过商情调查法、科学设计问卷，对相关科创型企业进行问卷调查和抽样评分。

2. 科创金融投资情况

科创金融的投资情况，主要评价资金供给者对科技创新活动的投资情况，包括政府部门的财政支出情况、科创型企业的研发支出情况、私募投资机构的投资情况等。政府部门的财政支出情况可以通过财政科技支出占比数据来体现，私募投资机构的投资情况可以用私募股权投资规模数据来体现，整个社会的研发投入支出情况可以用 R&D 投入强度数据来体现。但这些数据只能反映科创金融投资当下的情况，不能反映科创型企业、私募投资机构扩大投资的意愿和动向。因此可以通过商情调查法、科学设计问卷对相关科创型企业、私募投资机构进行问卷调查和抽样评分。

3. 科创金融绩效情况

科创金融本身运行规模较大，不一定能代表科技创新的蓬勃发展，原因在于金融体系内有资金空转的可能。因此，只有科技创新本身货真价实的成果，才是检验科创金融发展的试金石，具体包括基础研究的成果和科创型企业发展的成果。基础研究中的学术成果可以用每万人 SCI 论文发表数体现，应用基础研究的成果则可以用每万人新增发明专利授权量来体现。科创型企业发展的成果则可用国家高新技术企业、专精特新企业、资本市场上市企业等各类科创型企业的增量和企业规模来体现。但这些仅能反映科创型企业发展的现状，无法体现整体创新氛围，因此还可以采用商情调查法、科学设计问卷对整体科技创新发展氛围进行问卷调查。

4. 科技创新政策环境

科创金融有政策与市场复合性特征，政府部门在科创金融体系建设中发挥着不可或缺的关键作用。首先是针对科创金融本身的各类直接和间接支持政策，可以从政策支持的力度大小、便利程度、可获得性等方面加以评价。其次是涉及科技创新的政策性金融供给，包括政府性融资担保、政府引导基金、政策性科技保险等，这些是政府部门引导社会资本方向、分担社会资本风险的重要手段。最后是科创金融配套环境，包括整个城市的创新创业氛围和活力，科创金融相关的信用信息平台、各类创新载体发展情况等。整体而言，以上提到的各个评价要素除创新载体发展情况外，均可采用商情调查法面向市场主体进行问卷调查。

1.4 指标体系

中国城市科创金融指数根据经济周期波动理论和景气指数原理，围绕我国科创金融发展特点，按照全面性、前瞻性、数据可得性、层次性等原则，从科创金融融资、科创金融投资、科创金融绩效和科创金融政策四个维度构建相应的评价指标体系。经过多重筛选检验，最终设置了 28 项评价指标（含 12 项客观统计指标和 16 项主观评分指标）。

其中，主观评分指标采用问卷抽样评分的方法获得，问卷内容和题项设计采用国际通用的商情调查方法，针对科创型企业和金融中介机构两类群体设置指标体系相关的问卷内容（见表 1.4.1）。

表 1.4.1 中国城市科创金融指数指标体系

	一级指标	二级指标	数据来源
中国城市科创金融指数	科创金融融资景气度	普惠小微企业贷款余额占全行业比重	行业公开统计数据
		单位 GDP 科创型企业直接融资增量	行业公开统计数据
		科创型企业当前融资便利度	问卷抽样评分
		科创型企业当前融资成本优化度	问卷抽样评分
		金融机构专项科创融资供给丰富度	问卷抽样评分
		科创型企业未来融资扩大意愿	问卷抽样评分
	科创金融投资景气度	全社会研发投入强度	行业公开统计数据
		科创型企业研发扩大意愿	问卷抽样评分
		科创型企业投资扩大意愿	问卷抽样评分
		私募股权投资规模与 GDP 之比	行业公开统计数据
		私募股权投资需求扩张趋势	问卷抽样评分
		财政科技支出占比	行业公开统计数据
	科创金融绩效景气度	本地科创产业发展基础评价	问卷抽样评分
		本地科创产业发展潜力评价	问卷抽样评分
		每亿元国家高新技术企业数	行业公开统计数据
		每百亿元国家级专精特新“小巨人”企业数	行业公开统计数据
		每千亿元上市科创型企业数	行业公开统计数据
		上市科创型企业总市值与 GDP 之比	行业公开统计数据
		每万人 SCI 论文发表数	SCI 索引查询
		每万人新增发明专利授权量	国家知识产权局
	科创金融政策景气度	科创金融政策支持力度	问卷抽样评分
		政府引导基金发展情况	问卷抽样评分
		获得政府性融资担保服务情况	问卷抽样评分
		科技保险渗透情况	问卷抽样评分
		综合金融服务平台发展情况	问卷抽样评分
		每百万人国家级创新载体数	科技部
		本地科创金融创新氛围	问卷抽样评分
		本地科创金融发展潜力	问卷抽样评分

1.5　指数计算

1. 问卷数据处理

根据问题设置的选项，按照越积极的选项对应的分值越高的原则给选项赋值，即很好（提高）= 1、不变（相同）= 0、变差（下降）= −1，每个问题可以计算出最终分值。即

$$X_i = \sum (P_{ij} \times \text{选项分值}) \times 100 + \text{基数}$$

其中，X_i 代表第 i 个问题的分值，P_{ij} 代表第 i 个问题第 j 个选项的比例，基数取 100。

最终每个主观问卷评分指标计算得到的评分结果都介于景气指数得分（0~200）之间，100 为中性值。

2. 指标赋权

评价体系指标赋权基于层次分析法原理，通过专家打分的形式逐级分层确定各级指标权重。同时，研究过程中将分析对比指数结果平稳性和显著性，根据专家反馈意见适当优化形成最终赋权方案（见表 1.5.1）。

表 1.5.1　中国城市科创金融指数指标权重分配

一级指标	二级指标	指标权重（%）
科创金融融资景气度	普惠小微企业贷款余额占全行业比重	6. 25
	每亿元 GDP 科创型企业直接融资增量	6. 25
	科创型企业当前融资便利度	2. 50
	科创型企业当前融资成本优化度	2. 50
	金融机构专项科创融资供给丰富度	2. 50
	科创型企业未来融资扩大意愿	2. 50
科创金融投资景气度	全社会研发投入强度	6. 25
	科创型企业研发扩大意愿	2. 50
	科创型企业投资扩大意愿	3. 75
	私募股权投资规模与 GDP 之比	2. 50
	私募股权投资需求扩张趋势	3. 75
	财政科技支出占比	6. 25

续表

一级指标	二级指标	指标权重（%）
科创金融绩效景气度	本地科创产业发展基础评价	2.50
	本地科创产业发展潜力评价	2.50
	每亿元国家高新技术企业数	2.50
	每百亿元国家级专精特新“小巨人”企业数	3.75
	每千亿元上市科创型企业数	3.75
	上市科创型企业总市值与 GDP 之比	2.50
	每万人 SCI 论文发表数	3.75
	每万人新增发明专利授权量	3.75
科创金融政策景气度	科创金融政策支持力度	5.00
	政府引导基金发展情况	2.50
	获得政府性融资担保服务情况	2.50
	科技保险渗透情况	2.50
	综合金融服务平台发展情况	2.50
	每百万人国家级创新载体数	2.50
	本地科创金融创新氛围	3.75
	本地科创金融发展潜力	3.75

3. 合成指数计算方法

主体采用国际上最常用的合成指数方法，即美国商务部的计算方式开展，在计算过程中主要可以分解为以下四个步骤。

第一步：求各个序列指标的对称变化率并将其标准化。

令 $Y_{ij}(t)$ 为第 j 指标组（$j=1$，2，3 分别代表先行、一致、滞后指标组）的第 i 个指标（$i=1$，2，…，k_j），对 $Y_{ij}(t)$ 求对称变化率的计算公式为

$$C_{ij}(t)=\frac{Y_{ij}(t)-Y_{ij}(t-1)}{Y_{ij}(t)+Y_{ij}(t-1)}\times 200$$

$$t=2,3,\cdots,n$$

当 $Y_{ij}(t)$ 为零或负值，或者指标是比率序列时，取一阶差分：

$$C_{ij}(t)=Y_{ij}(t)-Y_{ij}(t-1)$$

$$t=2,3,\cdots,n$$

为避免变动幅度大的指标在合成指数中取得支配地位，对各指标项进行

标准化，使其平均绝对值等于1，标准变化率计算公式为

$$S_{ij}(t)=\frac{C_{ij}(t)}{A_{ij}},\ A_{ij}=\sum_{t=2}^{n}\frac{|C_{ij}(t)|}{(n-1)}$$

$$t=2,3,\cdots,n$$

第二步：求各指标组的标准化平均变化率。

$$R_j(t)=\frac{\sum_{i=1}^{k}S_{ij}(t)\cdot W_{ij}}{\sum_{i=1}^{k}|W_{ij}|}$$

$$t=2,3,\cdots,n$$

其中，W_{ij} 是第 j 组第 i 个指标的权重。

$$V_j(t)=\frac{R_j(t)}{F_j},\ F_j=\frac{\sum_{t=2}^{n}|R_j(t)|}{\sum_{t=2}^{n}|R_2(t)|}$$

$$t=2,3,\cdots,n$$

其中，F_j 是指数标准化因子，$V_j(t)$ 是标准化平均变化率。

第三步：计算初始合成指数。

$$I_j(t)=I_j(t-1)\times\frac{200+V_j(t)}{200-V_j(t)}$$

$$t=2,3,\cdots,n$$

令 $I_j(1)=100$。

第四步：趋势调整并计算合成指数。

在初始合成指数基础上，对先行、一致和滞后三个指标组的标准化平均变化率 $V_j(t)$ 进行趋势调整，使三个指标组得到的合成指数趋势与计算一致，指标组中被采用的序列的趋势均值一致。

$$CI(t)=\frac{I(t)}{I'}\times 100$$

计算结果最终合成的景气指数得分介于0~200之间，100为景气指数的临界值；当景气指数大于100时，属于景气状态，表明科创金融发展趋于扩张活

跃；当景气指数小于 100 时，属于不景气状态，表明科创金融发展趋于收缩低迷。

4. 基期选择

合成指数的基准年份定为 2019 年，因为这是科创板设立后完整运行一年的年份，也是未受三年新冠疫情影响的完整一年，彼时科创金融行业整体运行相对稳定，具有较好的参照意义。

同时，以 2019 年 36 个样本城市各项指标的均值为基准值，使得最终指数结果具备横向比较的基础。

1.6 样本范围

指数评价样本城市首选国内具备较强金融产业发展基础的城市，参考中国金融中心指数①相关研究成果，选取国内 36 个金融中心城市作为首期中国城市科创金融指数的样本城市（不含港澳台地区城市）。具体城市名单和布局情况如下所示②：

（1）东北区域，4 个样本城市分别是大连、沈阳、长春和哈尔滨；

（2）北部沿海区域，5 个样本城市分别是北京、天津、济南、青岛和石家庄；

（3）东部沿海区域，7 个样本城市分别是上海、杭州、南京、苏州、宁波、无锡和温州；

（4）南部沿海区域，5 个样本城市分别是广州、深圳、厦门、福州和海口；

（5）中部区域，7 个样本城市分别是武汉、长沙、郑州、合肥、南昌、太原和呼和浩特；

（6）西部区域，8 个样本城市分别是成都、重庆、西安、昆明、南宁、乌鲁木齐、贵阳和兰州。

---

① 中国金融中心指数（China's Financial Center Index，CFCI）是一项长期跟踪国内主要金融中心发展状况和评价金融中心竞争力的研究，旨在为社会各界提供我国金融中心建设的前沿观察窗口，为相关决策部门提供地方金融发展政策优化的参考依据。首期 CFCI 于 2009 年发布，其后每年更新一次，已经连续发布 14 期。

② 根据国务院发展研究中心发展战略和区域经济研究部的课题报告《中国（大陆）区域社会经济发展特征分析》提出的划分中国（大陆）区域新方法，分为六大区域。

第二章　中国城市科创金融景气度评价

2.1　科创金融综合景气度排行榜

2024年，中国城市科创金融指数综合景气度排名依次是北京、上海、杭州、深圳、南京、苏州、西安、广州、无锡、济南、宁波、青岛、合肥、武汉、厦门、天津、成都、长沙、沈阳、福州、哈尔滨、兰州、温州、郑州、太原、石家庄、昆明、长春、重庆、贵阳、大连、乌鲁木齐、海口、呼和浩特、南昌和南宁（见表2.1.1）。

表2.1.1　中国金融中心城市科创金融综合景气度得分及排名变化

城市	2024年		2023年		变化	
	得分	排名	得分	排名	增长分	上升幅度
北京	123.56	1	118.44	2	▲5.12	▲1
上海	121.55	2	110.60	5	▲10.95	▲3
杭州	118.51	3	112.00	3	▲6.51	—
深圳	117.69	4	120.72	1	▼3.03	▼3
南京	111.90	5	109.18	6	▲2.72	▲1
苏州	111.45	6	111.46	4	▼0.01	▼2
西安	110.80	7	102.94	8	▲7.86	▲1
广州	110.01	8	104.00	7	▲6.01	▼1

续表

城市	2024 年		2023 年		变化	
	得分	排名	得分	排名	增长分	上升幅度
无锡	109. 22	9	99. 74	13	▲9. 48	▲4
济南	105. 70	10	102. 37	10	▲3. 33	—
宁波	105. 69	11	101. 09	11	▲4. 60	—
青岛	102. 40	12	100. 03	12	▲2. 37	—
合肥	102. 12	13	93. 29	18	▲8. 83	▲5
武汉	102. 06	14	102. 39	9	▼0. 33	▼5
厦门	96. 50	15	95. 54	14	▲0. 96	▼1
天津	95. 46	16	94. 42	17	▲1. 04	▲1
成都	94. 75	17	94. 84	15	▼0. 09	▼2
长沙	93. 22	18	94. 52	16	▼1. 30	▼2
沈阳	92. 37	19	91. 66	19	▲0. 71	—
福州	91. 33	20	91. 36	20	▼0. 03	—
哈尔滨	90. 47	21	87. 84	21	▲2. 63	—
兰州	89. 95	22	82. 75	25	▲7. 20	▲3
温州	87. 76	24	85. 42	22	▲2. 34	▼2
郑州	87. 75	23	83. 14	23	▲4. 62	—
太原	86. 87	25	81. 02	29	▲5. 85	▲4
石家庄	84. 64	26	81. 86	28	▲2. 78	▲2
昆明	84. 29	27	82. 75	26	▲1. 54	▼1
长春	83. 20	28	82. 98	24	▲0. 22	▼4
重庆	82. 51	29	76. 53	32	▲5. 98	▲3
贵阳	82. 40	30	80. 12	30	▲2. 28	—
大连	81. 30	31	82. 13	27	▼0. 83	▼4
乌鲁木齐	78. 68	32	76. 15	33	▲2. 53	▲1
海口	78. 49	33	74. 29	34	▲4. 20	▲1
呼和浩特	77. 50	34	73. 44	35	▲4. 06	▲1
南昌	76. 41	35	77. 08	31	▼0. 67	▼4
南宁	71. 86	36	70. 90	36	▲0. 96	—

本期 36 个城市综合景气水平较上期有所改善，本期 36 个城市得分均值较上期增长了 3. 1 分。其中，上海、无锡和合肥三者得分增长最显著，分别较上期增长 10. 95 分、9. 48 分和 8. 83 分，排名分别上升 3 名、4 名和 5 名。

本期 36 个城市中，科创金融综合景气度评估处于景气状态（评分高于 100）的城市共计 14 个，景气状态城市总数较上期新增 2 个。其中，处于中度景气状态（评分高于 120 低于等于 150）的城市共计 2 个，处于低度景气状态（评分高于 100 低于等于 120）的城市共计 12 个（见表 2. 1. 2）。

表 2. 1. 2　中国金融中心城市 2024 年科创金融综合景气度评估状态

状态		城市
景气状态（评分>100）	高度（评分>150）	无
	中度（150≥评分>120）	北京、上海
	低度（120≥评分>100）	杭州、深圳、南京、苏州、西安、广州、无锡、济南、宁波、青岛、合肥、武汉
不景气状态（评分<100）	低度（80≤评分<100）	厦门、天津、成都、长沙、沈阳、福州、哈尔滨、兰州、温州、郑州、太原、石家庄、昆明、长春、重庆、贵阳、大连
	中度（50≤评分<80）	乌鲁木齐、海口、呼和浩特、南昌、南宁
	高度（评分<50）	无

在 36 个城市中，本期科创金融综合景气度评估处于不景气状态（评分低于 100）的城市共计 22 个。其中，处于低度不景气状态（评分高于等于 80 低于 100）的城市共计 17 个，处于中度不景气状态（评分高于等于 50 低于 80）的城市共计 5 个（见图 2. 1. 1）。

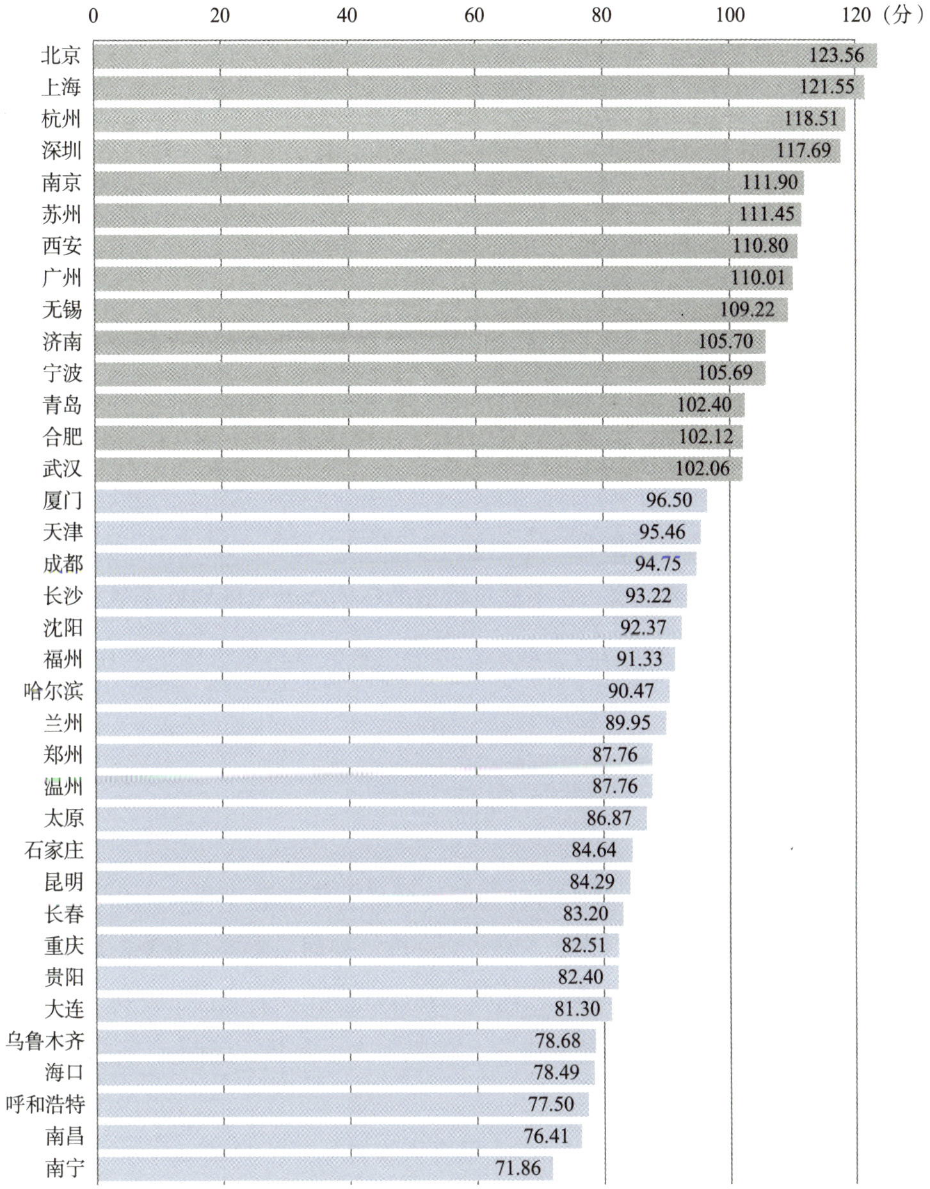

图 2.1.1　中国金融中心城市 2024 年科创金融综合景气度得分

本期共有 4 个城市的景气水平发生改变。其中，无锡和合肥由上期的不景气状态改善为低度景气状态，排名分别上升 4 名和 5 名；重庆由上期的中度不景气状态调整至本期的低度不景气，排名上升 3 个名次；深圳由上期的中度景气状态降至低度景气状态，排名下滑 3 名。

在本期金融中心城市中，科创金融综合景气度分布相对均衡，得分差距并不显著，13 个城市位于景气度（评分 100）±10%区间，29 个城市位于景气度（评分 100）±20%区间。

在 36 个金融中心城市中，东部沿海地区的科创金融综合景气度相对较高。其中，长三角城市群进入前十的城市数量最多，共有上海、杭州、南京、苏州和无锡 5 个城市；粤港澳大湾区进入前十的城市数量次之，共有深圳、广州 2 个城市；西部地区仅西安进入前十，而东北地区仅沈阳进入前 20，仍有较大提升空间。

在国务院批准建设全国科创金融改革试验区三批 7 个城市中，除未纳入本期样本研究范围的嘉兴外，6 个试点城市的科创金融发展均处于景气状态，其中北京、上海、杭州分列榜单前三，南京、济南进入榜单前十，合肥则排名第 13。

2. 2　科创金融融资景气度排行榜

2024 年，中国城市科创金融融资景气度排名依次是无锡、杭州、上海、宁波、广州、苏州、西安、北京、青岛、济南、深圳、南京、合肥、哈尔滨、武汉、天津、福州、郑州、重庆、温州、长沙、兰州、石家庄、沈阳、成都、太原、贵阳、厦门、呼和浩特、南宁、乌鲁木齐、南昌、昆明、大连、海口和长春（见表 2. 2. 1）。

本期 36 个城市融资景气水平较上期有大幅提升，36 个城市得分均值较上期增长了 11. 6 分。其中，本期得分增长最显著的前三城市分别是合肥、无锡、上海，分别较上期增长 33. 62 分、31. 05 分和 27. 11 分；本期排名上升幅度前三的城市分别是合肥、西安和重庆，分别上升 14 名、7 名和 6 名。

表 2.2.1 中国金融中心城市科创金融融资景气度得分及排名变化

城市	2024 年		2023 年		变化	
	得分	排名	得分	排名	增长分	上升幅度
无锡	139.79	1	108.74	4	▲31.05	▲3
杭州	134.88	2	112.54	2	▲22.34	—
上海	131.57	3	104.46	6	▲27.11	▲3
宁波	125.24	4	103.68	7	▲21.56	▲3
广州	120.87	5	97.02	9	▲23.85	▲4
苏州	118.39	6	117.04	1	▲1.35	▼5
西安	113.41	7	89.65	14	▲23.76	▲7
北京	111.29	8	107.17	5	▲4.12	▼3
青岛	110.32	9	92.77	12	▲17.55	▲3
济南	109.97	10	101.11	8	▲8.86	▼2
深圳	107.45	11	108.87	3	▼1.42	▼8
南京	107.11	12	94.09	10	▲13.02	▼2
合肥	98.69	13	65.07	27	▲33.62	▲14
哈尔滨	98.34	14	85.25	15	▲13.09	▲1
武汉	93.53	15	90.44	13	▲3.09	▼2
天津	93.14	16	84.18	16	▲8.96	—
福州	90.02	17	93.37	11	▼3.35	▼6
郑州	89.85	18	72.19	22	▲17.66	▲4
重庆	89.04	19	67.28	25	▲21.76	▲6
温州	85.94	20	80.61	18	▲5.33	▼2
长沙	83.76	21	82.34	17	▲1.42	▼4
兰州	83.55	22	69.20	23	▲14.35	▲1
石家庄	83.13	23	75.00	21	▲8.13	▼2
沈阳	79.71	24	77.10	20	▲2.61	▼4
成都	79.13	25	77.69	19	▲1.44	▼6
太原	78.81	26	56.41	31	▲22.40	▲5
贵阳	73.38	27	59.62	28	▲13.76	▲1
厦门	71.74	28	68.55	24	▲3.19	▼4
呼和浩特	68.48	29	55.45	32	▲13.03	▲3
南宁	66.04	30	59.34	29	▲6.70	▼1

续表

城市	2024 年		2023 年		变化	
	得分	排名	得分	排名	增长分	上升幅度
乌鲁木齐	65. 31	31	58. 84	30	▲6. 47	▼1
南昌	64. 50	32	65. 85	26	▼1. 35	▼6
昆明	64. 19	33	53. 51	34	▲10. 68	▲1
大连	61. 61	34	54. 66	33	▲6. 95	▼1
海口	59. 43	35	47. 50	36	▲11. 93	▲1
长春	56. 09	36	53. 18	35	▲2. 91	▼1

本期共有 12 个城市的科创金融融资景气度评估处于景气状态（评分高于 100），整体数量较上期增加了 4 个。其中，5 个城市达到中度景气状态（评分高于 120 低于等于 150），7 个城市达到低度景气状态（评分高于 100 低于等于 120）（见图 2. 2. 1）。

本期共有 24 个城市的科创金融融资景气度评估处于不景气状态（评分低于 100），数量较上期减少了 4 个。其中，11 个城市处于低度不景气状态（评分高于等于 80 低于 100），13 个城市处于中度不景气状态（评分高于等于 50 低于 80）（见表 2. 2. 2）。

本期共有 13 个城市的景气水平发生根本性改变。其中，广州、西安、青岛、南京由上期融资不景气状态跃升至本期的融资景气状态；无锡、杭州、上海、宁波由上期的低度景气状态上升至中度景气状态；合肥、郑州、重庆、兰州、石家庄则由中度不景气状态改善为低度不景气状态。

在 36 个城市中，科创金融融资景气度得分差异较上期进一步扩大。本期仅 8 个城市位于景气度（评分 100）±10%区间，较上期减少 3 个城市；18 个城市位于景气度（评分 100）±20%区间；排名榜首城市和排名末位城市之间的分差由上期的 69. 54 分扩大至 83. 7 分。

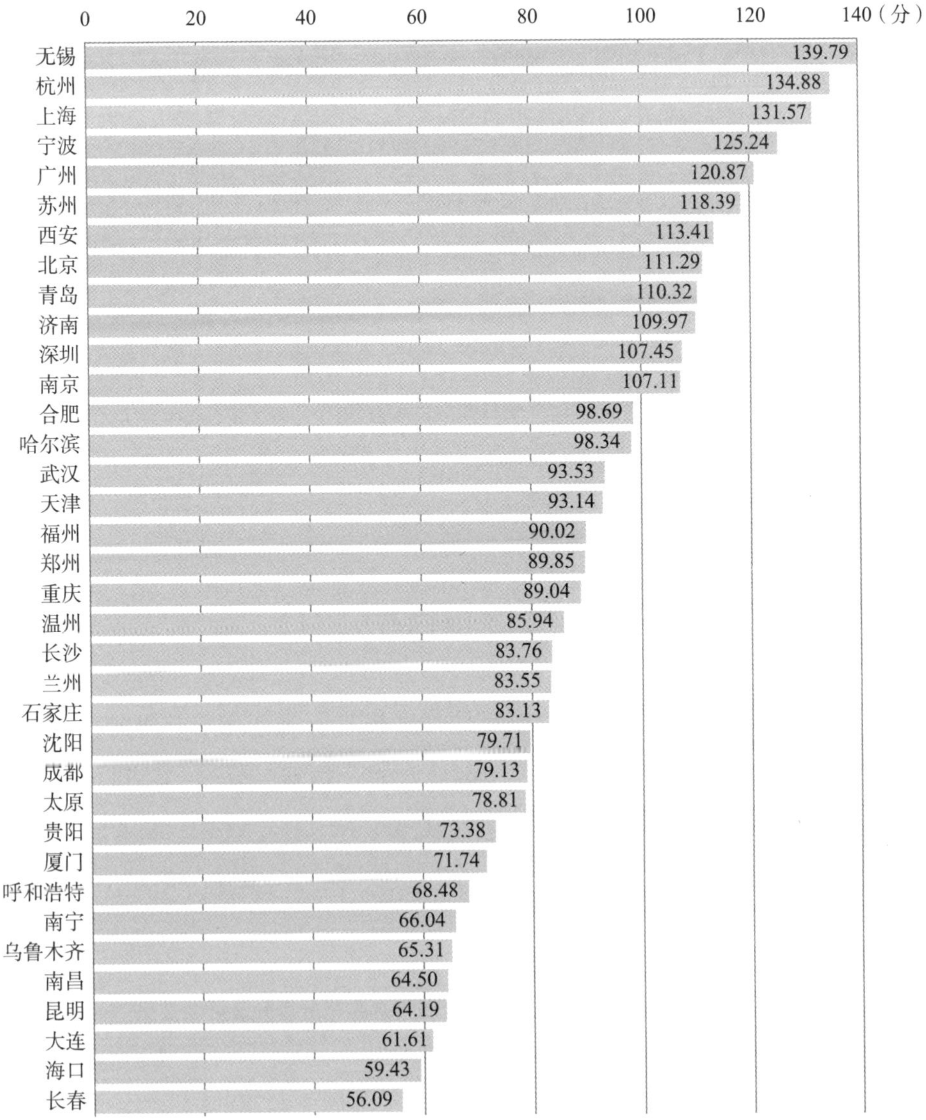

图 2.2.1　中国金融中心城市 2024 年科创金融融资景气度得分

表 2.2.2　中国金融中心城市 2024 年科创金融融资景气度评估状态

状态		城市
景气状态（评分>100）	高度（评分>150）	无
	中度（150≥评分>120）	无锡、杭州、上海、宁波、广州
	低度（120≥评分>100）	苏州、西安、北京、青岛、济南、深圳、南京
不景气状态（评分<100）	低度（80≤评分<100）	合肥、哈尔滨、武汉、天津、福州、郑州、重庆、温州、长沙、兰州、石家庄
	中度（50≤评分<80）	沈阳、成都、太原、贵阳、厦门、呼和浩特、南宁、乌鲁木齐、南昌、昆明、大连、海口、长春
	高度（评分<50）	无

2.3　科创金融投资景气度排行榜

2024 年，中国城市科创金融投资景气度排名依次是北京、深圳、上海、南京、苏州、杭州、无锡、济南、宁波、合肥、西安、厦门、广州、成都、青岛、武汉、南昌、贵阳、福州、天津、太原、哈尔滨、沈阳、长春、大连、温州、呼和浩特、兰州、长沙、郑州、石家庄、海口、重庆、南宁、昆明和乌鲁木齐（见表 2.3.1）。

表 2.3.1　中国金融中心城市科创金融投资景气度得分及排名变化

城市	2024 年		2023 年		变化	
	得分	排名	得分	排名	增长分	上升幅度
北京	126.74	1	123.88	2	▲2.86	▲1
深圳	123.09	2	129.42	1	▼6.33	▼1
上海	117.05	3	110.79	5	▲6.26	▲2
南京	115.27	4	117.05	3	▼1.78	▼1

续表

城市	2024 年		2023 年		变化	
	得分	排名	得分	排名	增长分	上升幅度
苏州	112.91	5	111.82	4	▲1.09	▼1
杭州	111.07	6	106.52	6	▲4.55	—
无锡	110.33	7	106.14	8	▲4.19	▲1
济南	109.17	8	105.18	10	▲3.99	▲2
宁波	107.06	9	104.60	11	▲2.46	▲2
合肥	104.90	10	106.51	7	▼1.61	▼3
西安	103.75	11	105.26	9	▼1.51	▼2
厦门	101.42	12	101.48	16	▼0.06	▲4
广州	100.11	13	101.62	15	▼1.51	▲2
成都	99.65	14	103.07	13	▼3.42	▼1
青岛	99.39	15	103.42	12	▼4.03	▼3
武汉	98.81	16	102.33	14	▼3.52	▼2
南昌	94.23	17	91.57	19	▲2.66	▲2
贵阳	93.68	18	88.66	22	▲5.02	▲4
福州	92.93	19	86.89	27	▲6.04	▲8
天津	92.66	20	95.77	17	▼3.11	▼3
太原	90.55	21	89.21	21	▲1.34	—
哈尔滨	89.65	22	88.49	24	▲1.16	▲2
沈阳	88.87	23	87.53	25	▲1.34	▲2
长春	88.79	24	87.06	26	▲1.73	▲2
大连	87.65	25	94.36	18	▼6.71	▼7
温州	87.40	26	86.32	28	▲1.08	▲2
呼和浩特	87.36	27	85.56	29	▲1.80	▲2
兰州	86.97	28	81.39	32	▲5.58	▲4
长沙	86.21	29	90.16	20	▼3.95	▼9
郑州	85.50	30	88.51	23	▼3.01	▼7
石家庄	82.56	31	81.61	31	▲0.95	—
海口	81.60	32	81.09	33	▲0.51	▲1

续表

城市	2024 年		2023 年		变化	
	得分	排名	得分	排名	增长分	上升幅度
重庆	81.23	33	81.80	30	▼0.57	▼3
南宁	77.83	34	78.95	35	▼1.12	▲1
昆明	76.83	35	80.24	34	▼3.41	▼1
乌鲁木齐	72.80	36	72.61	36	▲0.19	—

本期 36 个城市投资景气水平较上期基本持平，36 个城市得分均值较上期仅增长了 0.26 分。其中，得分增长最显著的前三城市分别是上海、福州和兰州，分别较上期增长 6.26 分、6.04 分和 5.58 分；本期排名上升幅度前三的城市分别是福州、厦门和贵阳，分别上升 8 名、4 名和 4 名。

本期共有 13 个城市的科创金融投资景气度评估处于景气状态（评分高于 100），整体数量较上期减少了 3 个。其中，2 个城市达到中度景气状态（评分高于 120 低于等于 150），11 个城市达到低度景气状态（评分高于 100 低于等于 120）（见图 2.3.1）。

本期共有 23 个城市的科创金融投资景气度评估处于不景气状态（评分低于 100），数量较上期增加了 3 个。其中，20 个城市处于低度不景气状态（评分高于等于 80 低于 100），3 个城市处于中度不景气状态（评分高于等于 50 低于 80）（见表 2.3.2）。

本期共有 4 个城市的景气水平发生根本性改变。其中，成都、青岛和武汉由低度景气状态下降为低度不景气状态；昆明由低度不景气状态下降为中度不景气状态。

科创金融投资景气度的地域差异显著，东部沿海地区较中西部地区有显著优势。本期 13 个处于景气状态的城市中，中西部地区仅西安和合肥 2 个城市，其余城市基本来自东部沿海地区。而在 23 个不景气状态城市中，多数来自中部、西部及东北部地区。

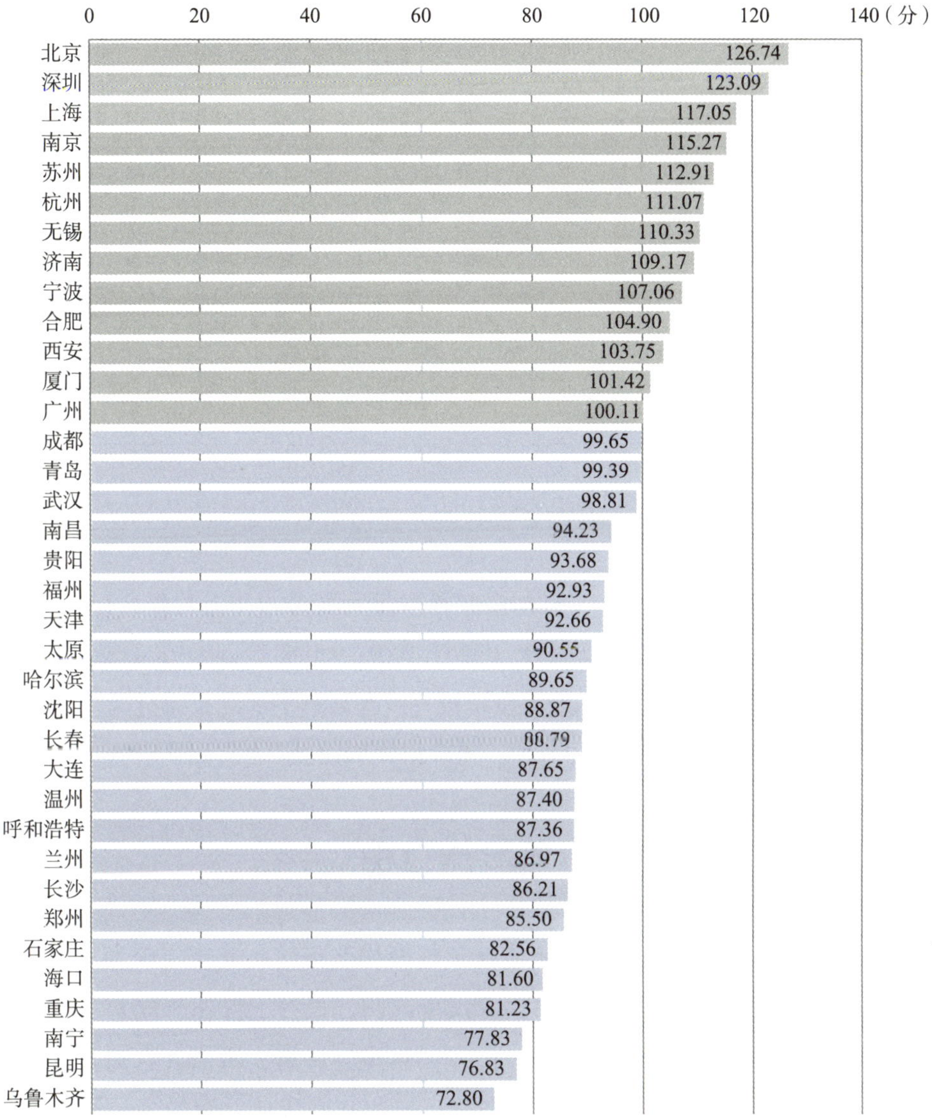

图 2.3.1　中国金融中心城市 2024 年科创金融投资景气度得分

表 2.3.2　中国金融中心城市 2024 年科创金融投资景气度评估状态

状态		城市
景气状态（评分>100）	（评分>150）	无
	中度（150≥评分>120）	北京、深圳
	低度（120≥评分>100）	上海、南京、苏州、杭州、无锡、济南、宁波、合肥、西安、厦门、广州
不景气状态（评分<100）	低度（80≤评分<100）	成都、青岛、武汉、南昌、贵阳、福州、天津、太原、哈尔滨、沈阳、长春、大连、温州、呼和浩特、兰州、长沙、郑州、石家庄、海口、重庆
	中度（50≤评分<80）	南宁、昆明、乌鲁木齐
	高度（评分<50）	无

在本期金融中心城市中，科创金融投资景气度分布相对均衡，得分差距并不显著，14 个城市位于景气度（评分 100）±10%区间，31 个城市位于（评分 100）±20%区间。科创金融投资景气度排名第 1 的北京得分为 126.74，排名第 36 的乌鲁木齐得分为 72.80，两者相差 74.1%。

2.4　科创金融绩效景气度排行榜

2024 年，中国城市科创金融绩效景气度排名依次是北京、深圳、上海、杭州、西安、南京、厦门、广州、武汉、苏州、长沙、沈阳、成都、合肥、济南、青岛、天津、宁波、昆明、长春、福州、无锡、郑州、兰州、海口、大连、温州、太原、乌鲁木齐、哈尔滨、石家庄、重庆、贵阳、呼和浩特、南昌和南宁（见表 2.4.1）。

表 2.4.1　中国金融中心城市科创金融绩效景气度得分及排名变化

城市	2024 年		2023 年		变化	
	得分	排名	得分	排名	增长分	上升幅度
北京	142.91	1	134.49	1	▲8.42	—
深圳	137.55	2	132.97	2	▲4.58	—
上海	132.19	3	123.72	3	▲8.47	—
杭州	123.03	4	118.69	4	▲4.34	—
西安	122.46	5	115.08	5	▲7.38	—
南京	120.64	6	114.97	6	▲5.67	—
厦门	119.08	7	113.13	7	▲5.95	—
广州	117.07	8	109.37	9	▲7.70	▲1
武汉	115.92	9	110.02	8	▲5.90	▼1
苏州	112.73	10	106.55	11	▲6.18	▲1
长沙	112.47	11	106.85	10	▲5.62	▼1
沈阳	108.22	12	100.70	12	▲7.52	—
成都	106.56	13	98.76	14	▲7.80	▲1
合肥	106.16	14	99.40	13	▲6.76	▼1
济南	98.21	15	92.92	17	▲5.29	▲2
青岛	98.19	16	95.33	15	▲2.86	▼1
天津	96.78	17	91.94	18	▲4.84	▲1
宁波	95.96	18	94.68	16	▲1.28	▼2
昆明	95.90	19	90.35	19	▲5.55	—
长春	92.47	20	86.63	21	▲5.84	▲1
福州	90.94	21	87.32	20	▲3.62	▼1
无锡	88.72	22	83.95	22	▲4.77	—
郑州	87.63	23	80.53	23	▲7.10	—
兰州	87.58	24	80.34	24	▲7.24	—
海口	82.60	25	78.92	25	▲3.68	—
大连	82.39	26	78.17	27	▲4.22	▲1
温州	81.88	27	75.84	29	▲6.04	▲2
太原	81.86	28	75.20	30	▲6.66	▲2

续表

城市	2024 年		2023 年		变化	
	得分	排名	得分	排名	增长分	上升幅度
乌鲁木齐	81.61	29	77.02	28	▲4.59	▼1
哈尔滨	80.62	30	78.33	26	▲2.29	▼4
石家庄	74.51	31	70.91	31	▲3.60	—
重庆	68.19	32	62.22	33	▲5.97	▲1
贵阳	67.75	33	66.62	32	▲1.13	▼1
呼和浩特	59.92	34	54.79	34	▲5.13	—
南昌	53.27	35	48.63	36	▲4.64	▲1
南宁	51.17	36	50.93	35	▲0.24	▼1

本期 36 个城市绩效景气水平较上期有较大提升，36 个城市得分均值较上期增长了 5.23 分。其中，得分增长最显著的前三城市分别是上海、北京和成都，分别较上期增长 8.47 分、8.42 分和 7.80 分；本期排名上升幅度前三的城市分别是济南、温州和太原，均上升 2 名。

本期共有 14 个城市的科创金融绩效景气度评估处于景气状态（评分高于 100），整体数量较上期增加了 2 个。其中，6 个城市达到中度景气状态（评分高于 120 低于等于 150），8 个城市达到低度景气状态（评分高于 100 低于等于 120）（见图 2.4.1）。

本期共有 22 个城市的科创金融绩效景气度评估处于不景气状态（评分低于 100），数量较上期减少了 2 个。其中，16 个城市处于低度不景气状态（评分高于等于 80 低于 100），6 个城市处于中度不景气状态（评分高于等于 50 低于 80）（见表 2.4.2）。

本期共有 12 个城市的景气水平发生根本性改变。其中，成都、合肥实现由不景气状态向低度景气状态的转变；杭州、西安和南京由低度景气状态上升至中度景气状态；海口、大连、温州、太原、乌鲁木齐和哈尔滨由中度不景气状态改善为低度不景气状态；南昌由高度不景气状态改善为中度不景气状态。

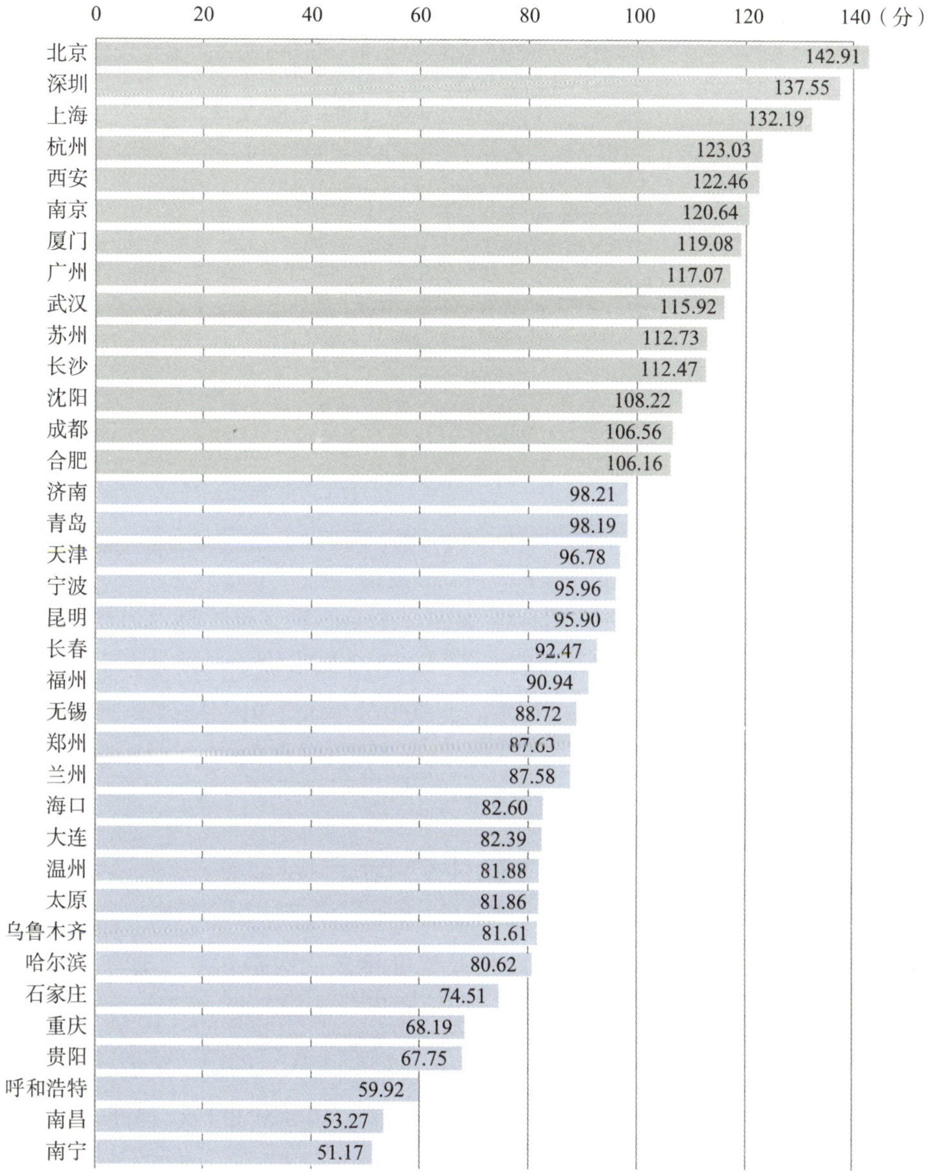

图 2.4.1　中国金融中心城市 2024 年科创金融绩效景气度得分

表 2.4.2　中国金融中心城市 2024 年科创金融绩效景气度评估状态

状态		城市
景气状态（评分>100）	高度（评分>150）	无
	中度（150≥评分>120）	北京、深圳、上海、杭州、西安、南京
	低度（120≥评分>100）	厦门、广州、武汉、苏州、长沙、沈阳、成都、合肥
不景气状态（评分<100）	低度（80≤评分<100）	济南、青岛、天津、宁波、昆明、长春、福州、无锡、郑州、兰州、海口、大连、温州、太原、乌鲁木齐、哈尔滨
	中度（50≤评分<80）	石家庄、重庆、贵阳、呼和浩特、南昌、南宁
	高度（评分<50）	无

在 36 个金融中心城市中，科创金融绩效景气度得分差距较为明显，仅 10 个城市位于景气度（评分 100）±10%区间，24 个城市位于（评分 100）±20%区间。科创金融绩效景气度排名第 1 的北京得分为 142. 91，排名第 36 的南宁得分为 51. 17，两者相差 179. 3%。

2. 5　科创金融政策景气度排行榜

2024 年，中国城市科创金融政策景气度排名依次是北京、上海、济南、杭州、南京、西安、深圳、广州、苏州、兰州、青岛、昆明、武汉、天津、合肥、石家庄、无锡、太原、温州、长春、乌鲁木齐、贵阳、宁波、呼和浩特、厦门、成都、南昌、大连、哈尔滨、沈阳、南宁、重庆、福州、长沙、海口和郑州（见表 2. 5. 1）。

表 2.5.1 中国金融中心城市科创金融政策景气度得分及排名变化

城市	2024 年		2023 年		变化	
	得分	排名	得分	排名	增长分	上升幅度
北京	113.32	1	108.25	7	▲5.07	▲6
上海	105.38	2	103.44	14	▲1.94	▲12
济南	105.37	3	110.28	4	▼4.91	▲1
杭州	105.04	4	110.26	5	▼5.22	▲1
南京	104.59	5	110.61	2	▼6.02	▼3
西安	103.58	6	101.76	18	▲1.82	▲12
深圳	102.69	7	111.63	1	▼8.94	▼6
广州	102.01	8	107.99	8	▼5.98	—
苏州	101.75	9	110.45	3	▼8.70	▼6
兰州	101.71	10	100.09	23	▲1.62	▲13
青岛	101.47	11	108.62	6	▼7.15	▼5
昆明	100.24	12	106.90	9	▼6.66	▼3
武汉	99.98	13	106.75	10	▼6.77	▼3
天津	99.26	14	105.78	11	▼6.52	▼3
合肥	98.73	15	102.19	17	▼3.46	▲2
石家庄	98.34	16	99.92	24	▼1.58	▲8
无锡	98.03	17	100.11	22	▼2.08	▲5
太原	96.27	18	103.24	15	▼6.97	▼3
温州	95.82	19	98.90	28	▼3.08	▲9
长春	95.45	20	105.07	13	▼9.62	▼7
乌鲁木齐	95.02	21	96.11	32	▼1.09	▲11
贵阳	94.80	22	105.57	12	▼10.77	▼10
宁波	94.54	23	101.40	19	▼6.86	▼4
呼和浩特	94.25	24	97.98	30	▼3.73	▲6
厦门	93.77	25	98.98	27	▼5.21	▲2
成都	93.66	26	99.82	25	▼6.16	▼1
南昌	93.65	27	102.28	16	▼8.63	▼11
大连	93.54	28	101.35	20	▼7.81	▼8

续表

城市	2024 年		2023 年		变化	
	得分	排名	得分	排名	增长分	上升幅度
哈尔滨	93. 28	29	99. 29	26	▼6. 01	▼3
沈阳	92. 67	30	101. 30	21	▼8. 63	▼9
南宁	92. 41	31	94. 39	34	▼1. 98	▲3
重庆	91. 57	32	94. 83	33	▼3. 26	▲1
福州	91. 43	33	97. 85	31	▼6. 42	▼2
长沙	90. 42	34	98. 72	29	▼8. 30	▼5
海口	90. 34	35	89. 65	36	▲0. 69	▲1
郑州	88. 07	36	91. 34	35	▼3. 27	▼1

本期 36 个城市政策景气水平较上期有较大回落，36 个城市得分均值较上期减少了 4. 69 分。仅 5 个城市得分实现正增长，分别是北京、上海、西安、兰州和海口；本期排名上升幅度前三的城市分别是兰州、上海和西安，分别上升 13 名、12 名和 12 名，分别排在第 10 名、第 2 名和第 6 名。

本期共有 12 个城市的科创金融政策景气度评估处于景气状态（评分高于 100），整体数量较上期减少了 11 个。12 个城市均处于低度景气状态（评分高于 100 低于等于 120）（见图 2. 5. 1）。

本期共有 24 个城市的科创金融政策景气度评估处于不景气状态（评分低于 100），数量较上期增加了 11 个。24 个城市处于低度不景气状态（评分高于等于 80 低于 100），其中武汉基本处于景气临界点。

本期共有 11 个城市的景气水平发生根本性改变。其中，武汉、天津由低度景气状态降至不景气状态临界点；合肥、无锡、太原、长春、贵阳、宁波、南昌、大连、沈阳由低度景气状态降至低度不景气状态（见表 2. 5. 2）。本期政策景气度降幅最显著的前三分别是贵阳、长春和深圳，分别降低了 10. 77 分、9. 62 分和 8. 94 分。

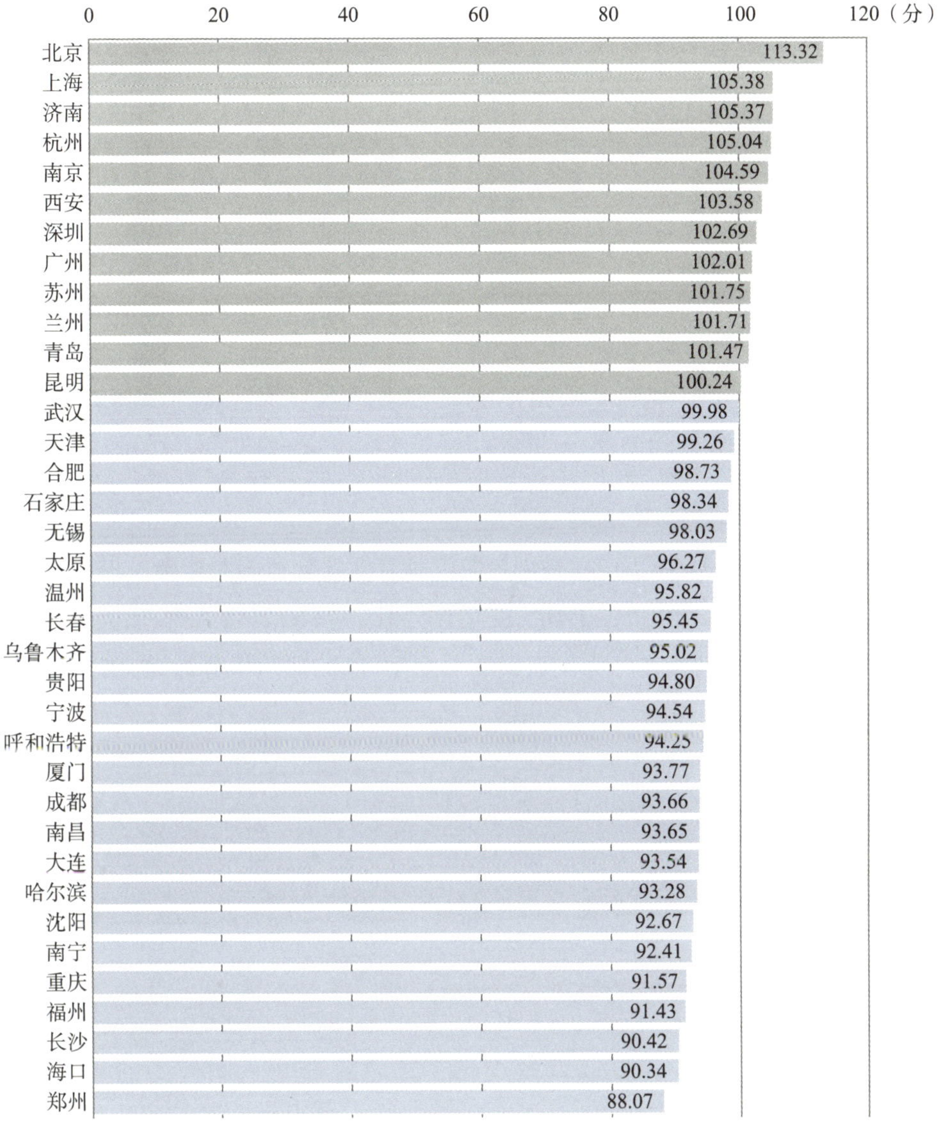

图 2.5.1 中国金融中心城市 2024 年科创金融政策景气度得分

表 2.5.2　中国金融中心城市 2024 年科创金融政策景气度评估状态

状态		城市
景气状态（评分>100）	高度（评分>150）	无
	中度（150≥评分>120）	无
	低度（120≥评分>100）	北京、上海、济南、杭州、南京、西安、深圳、广州、苏州、兰州、青岛、昆明
不景气状态（评分<100）	低度（80≤评分<100）	武汉、天津、合肥、石家庄、无锡、太原、温州、长春、乌鲁木齐、贵阳、宁波、呼和浩特、厦门、成都、南昌、大连、哈尔滨、沈阳、南宁、重庆、福州、长沙、海口、郑州
	中度（50≤评分<80）	无
	高度（评分<50）	无

在 36 个金融中心城市中，科创金融政策景气度分布相对均衡，得分差距并不显著，本期 34 个城市位于景气度（评分 100）±10%区间。科创金融政策景气度排名第 1 的北京得分为 113.32，排名第 36 的郑州得分为 88.07，两者相差仅 28.7%。

第三章　科创金融融资景气度分析

科创金融融资景气水平是对本地相关科创金融关联主体参与融资活动的积极性和活跃度的整体评估，可以反映一段时期内地方科创型企业融资需求状况和金融机构面向科创型企业融资服务需求的支持水平。该分项评价指数由 6 项指标构成，其中 2 项客观指标分别是普惠小微企业贷款余额占全行业比重、每亿元科创型企业直接融资增量规模，4 项主观评分指标分别是科创型企业当前融资便利度、科创型企业当前融资成本优化度、金融机构专项科创融资供给丰富度和科创型企业未来融资扩大意愿。

3.1　普惠小微企业贷款余额分析

目前，国内暂无官方部门公布科创型企业贷款相关统计数据，本书暂时只能通过“普惠小微企业贷款余额”这一指标来间接一窥国内 36 个金融中心城市的科创型企业贷款情况。

整体来看，2023 年我国对普惠小微企业的贷款支持呈景气上升状态，全国普惠小微贷款余额较上年提升 23.29%，增幅超过 1/5，与往年相比维持较好的增长势头。36 个金融中心城市中，有 33 个城市的普惠小微企业贷款余额占本外币贷款比重较上年实现了提升，仅 1 个城市的普惠小微企业贷款余额占本外币贷款比重降低。

2023 年，普惠小微企业贷款余额占本外币贷款比重较高的前十城市依次是温州、厦门、深圳、福州、杭州、宁波、无锡、合肥、广州和长沙。其中，温州是唯一一个普惠小微企业贷款余额占本外币贷款比重超过25%的金融中心城市，达到29.25%，比重高出同期全国平均水平3倍；厦门和深圳是比重仅次于温州的金融中心城市，普惠小微企业贷款余额占本外币贷款比重均在20%左右（见图3.1.1）。

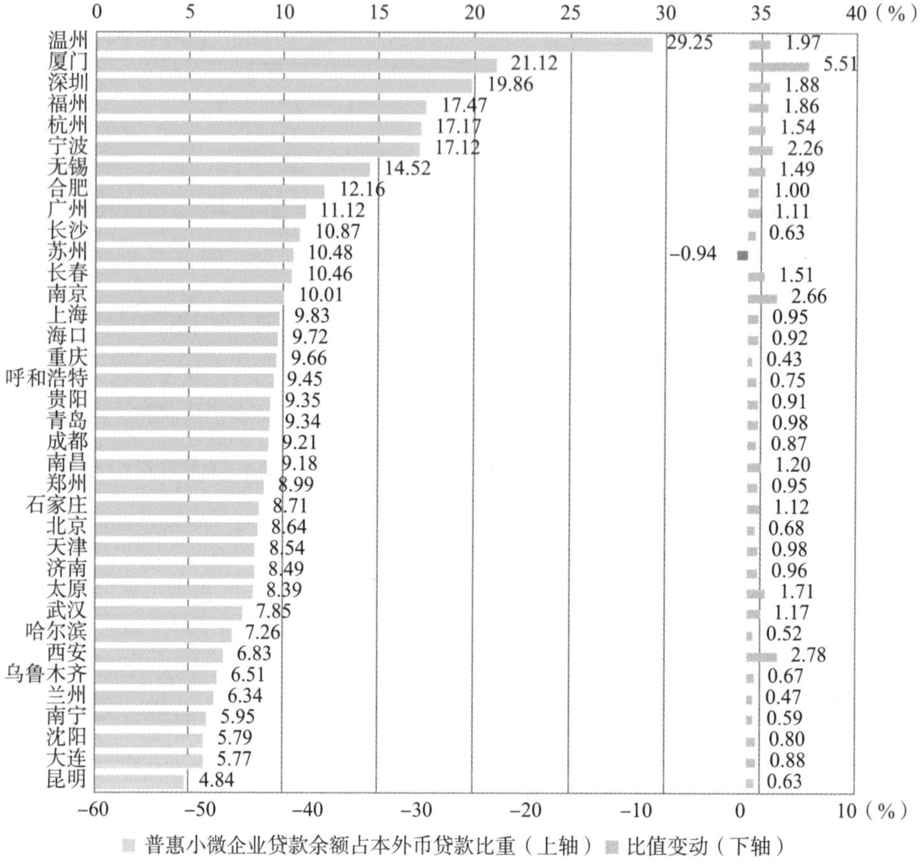

图3.1.1　金融中心城市普惠小微企业贷款余额占本外币贷款比重排行和比值变动

2023年，36个金融中心城市的普惠小微企业贷款余额总规模达到了14.9万亿元，约占当年全国总量的51.29%。其中，规模较大的前十城市分别是深圳、杭州、上海、北京、广州、宁波、温州、成都、苏州和重庆；深圳2023年普惠小微企业贷款余额达到1.83万亿元，接近2万亿元大关，比第二名杭州高

55.3%，成功践行深圳长久以来鼓励创新创业的发展理念（见图 3.1.2）。

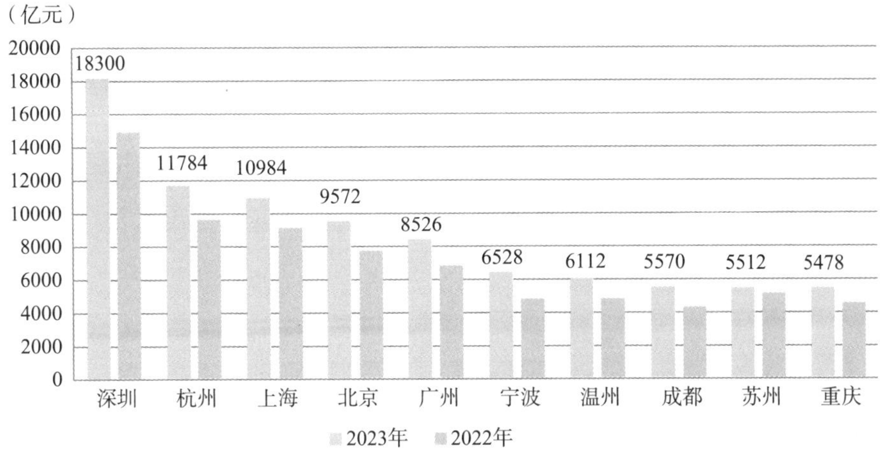

图 3.1.2 2023 年和 2022 年普惠小微企业贷款余额前十城市

2023 年，36 个金融中心城市的普惠小微企业贷款余额均实现了正增长，其中，14 个金融中心城市普惠小微企业贷款余额增幅高于全国均值（23.29%），增幅最高的是西安，达到 85.95%，2023 年西安市普惠小微企业贷款余额达到 2428 亿元，同比增加 1122 亿元。从普惠小微企业贷款余额新增的绝对值来看，深圳以 3300 亿元位居全国第 1（见图 3.1.3）。

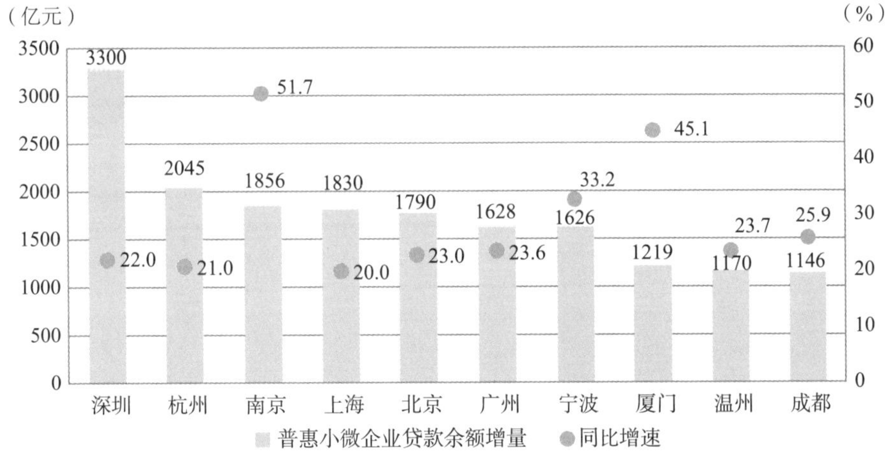

图 3.1.3 普惠小微企业贷款余额增量前十城市和同比增速

3. 2　科创型上市企业直接融资情况分析

整体来看，2023 我国科创型上市企业直接融资活动呈景气上升态势，科创企业直接融资增量与 GDP 之比达到 0. 67%，同比增长超过 100%。36 个金融中心城市中，有 7 个城市的科创型上市企业直接融资增量与 GDP 之比较上年实现了提升，有 6 个城市的科创型上市企业直接融资增量与 GDP 之比降幅超过 0. 1 个百分点（见图 3. 2. 1）。

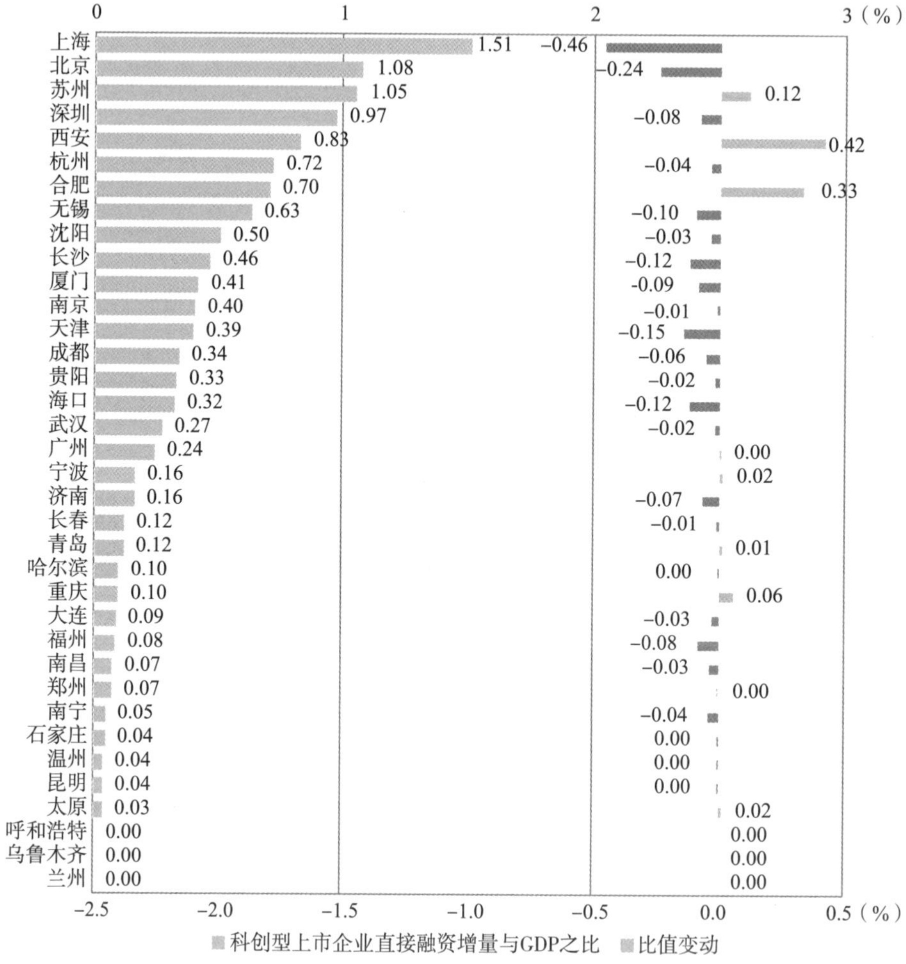

图 3. 2. 1　金融中心城市科创型上市企业直接融资增量与 GDP 之比排行和比值变动

2023 年，科创型上市企业直接融资增量与 GDP 之比较高的前十城市依次是上海、北京、苏州、深圳、西安、杭州、合肥、无锡、沈阳和长沙。其中，上海是唯一一个科创型上市企业直接融资增量与 GDP 之比超过 1.5%的金融中心城市，比重高于同期全国平均水平的 2 倍；北京和苏州是比重仅次于上海的金融中心城市，科创型上市企业直接融资增量与 GDP 之比均超过了 1%。

2023 年，36 个金融中心城市的科创型上市企业直接融资增量达到 2207.22 亿元，约占当年全国总量的 76.51%。其中，规模较大的前十城市分别是上海、苏州、深圳、北京、西安、合肥、杭州、南京、广州和无锡，全年新增规模均超过了 50 亿元（见图 3.2.2）。

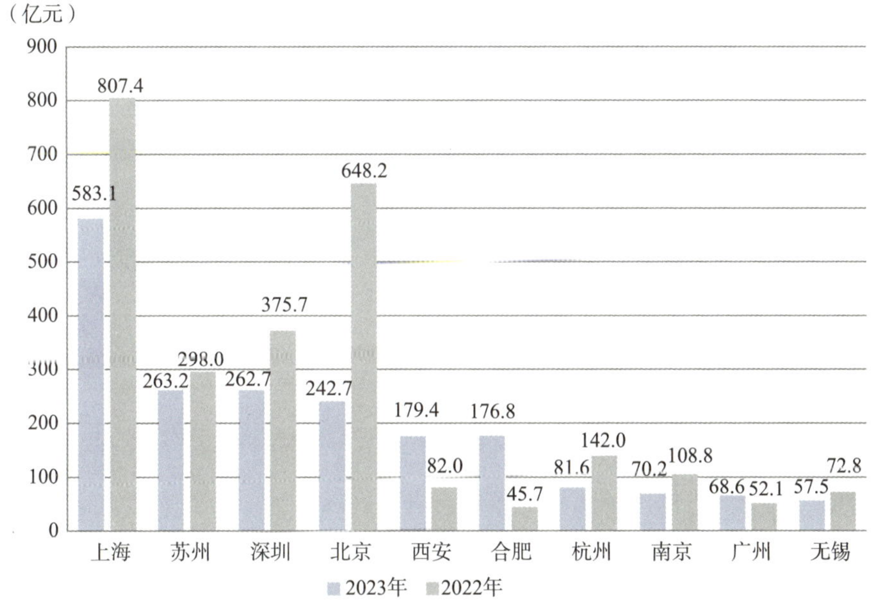

图 3.2.2　2023 年和 2022 年科创型上市企业直接融资增量前十城市

受市场环境、行业估值、融资需求等因素影响，36 个金融中心城市中仅 4 个城市 2023 年直接融资增量高于上年同期，分别是西安、合肥、广州和重庆。北京融资规模增量较上年同期下滑较多，规模减少约 400 亿元，下滑 62.65%。

3.3 科创型企业融资便利度调查

对 36 个金融中心城市本地科创型企业及相关金融中介服务机构的问卷调查统计显示，2024 年科创型企业融资便利度评估处于景气状态（评分高于 100）的共 7 个城市，其中评分相对较高的前十城市依次是上海、济南、广州、宁波、海口、杭州、重庆、青岛、郑州和天津（见图 3.3.1）。

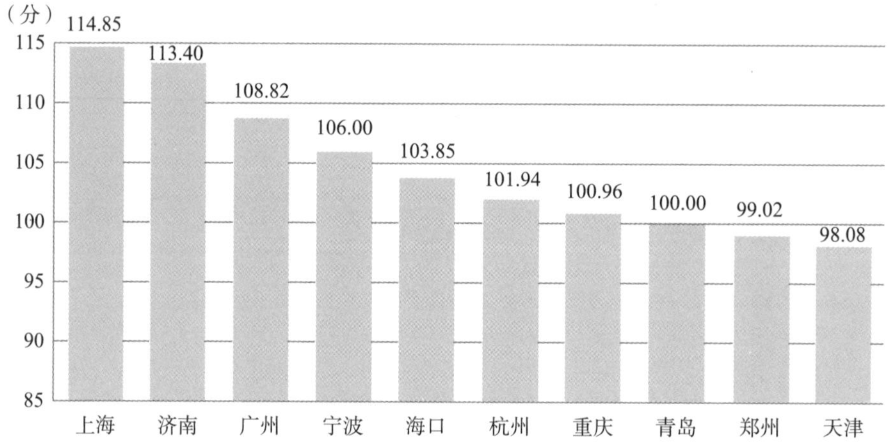

图 3.3.1　2024 年科创型企业融资便利度调查评分前十城市

从科创型企业及金融机构对当前融资难易度较 2023 年变化的综合评估结果来看，前十城市的市场参与主体对自身所在城市的融资便利度改善情况普遍持较为保守的态度。前十城市中最为乐观的为海口市，有 41%的受访单位认为当前融资较上年更容易，其次是宁波，有 39%的受访单位认为当前融资较上年更容易，其余城市有 60%以上受访单位认为融资难度不变或难度增加（见图 3.3.2、图 3.3.3）。

从金融机构的角度来看，仅上海、广州和天津有 40%及以上的金融机构认为融资难度降低，且与同辖区的认为融资难度下降受访单位的比例并不相同，其中广州有 43%的金融机构认为融资难度降低，但是仅 25%的广州科创型企业认为融资难度降低，存在供需两端认知不相匹配的情况。其余 7 个城

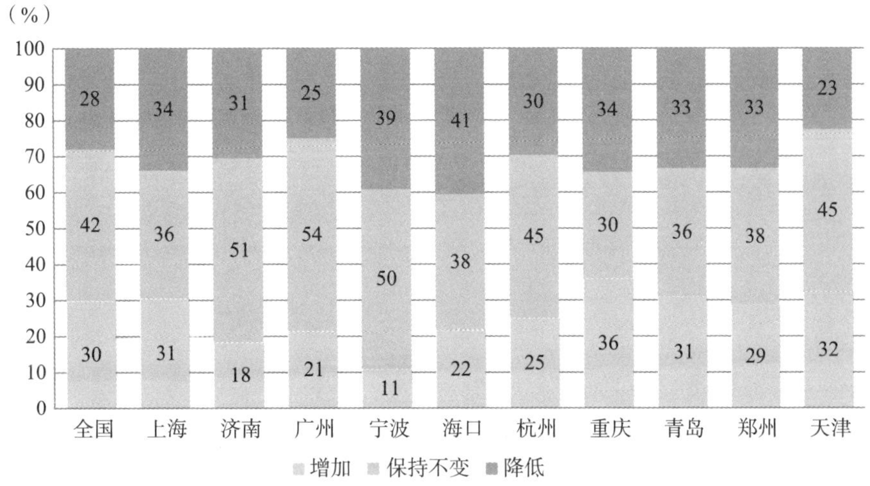

图 3.3.2　2024 年科创型企业对当前融资难易度较上年变化的评估情况

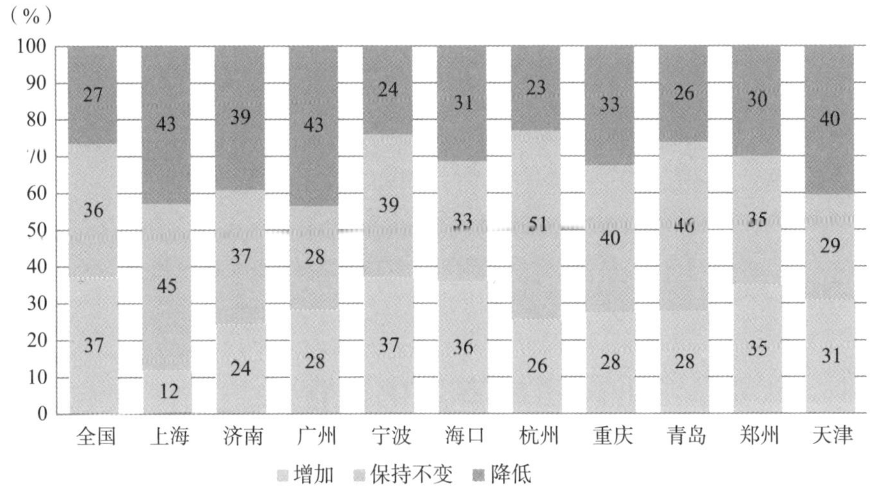

图 3.3.3　2024 年金融机构对当前科创型企业融资难易度较上年变化的评估情况

市皆有 60%以上金融机构认为融资难度与上年相当或降低，整体对融资便利度改善情况与科创型企业一样持保守态度。

本次调查也对科创型企业就未来一年融资难易度变化的预期做了调查，相较于当前更为乐观。从问卷调查总体结果来看，35%的受访企业认为未来一年融资会变容易，高于当前的28%，有26%的受访企业认为会变得更难，低于当前的30%。具体从各城市来看，36个金融中心城市中，受访企业预期较为乐观的前十城市是上海、南昌、南京、大连、西安、北京、沈阳、合肥、成都和昆明。其中，上海地区受访企业持正向积极态度的比例最高，有超过半数的受访企业认为未来一年融资会变得更容易（见图3.3.4）。

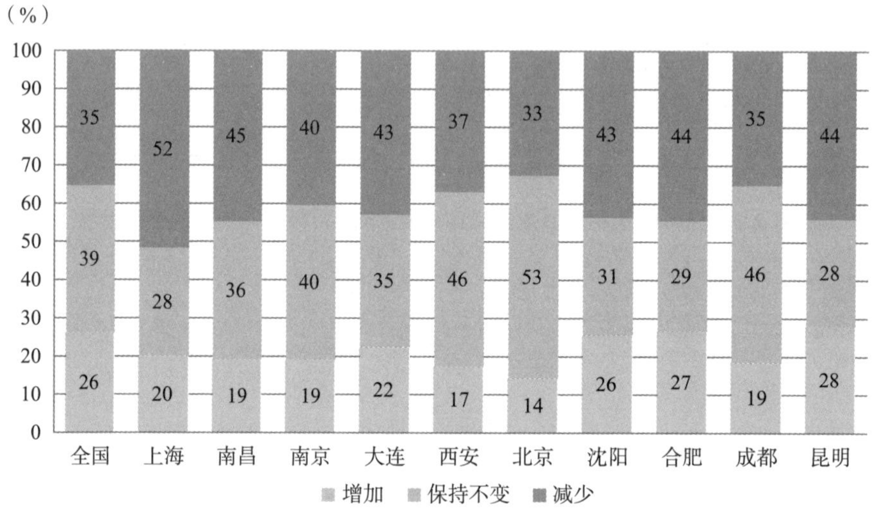

图3.3.4　科创型企业对未来一年融资难易度变化的预判

3.4　科创型企业融资成本变化调查

对36个金融中心城市本地科创型企业及相关金融中介服务机构的问卷调查统计显示，2024年科创型企业融资成本变化评估处于景气状态（评分高于或等于100）的仅有9个城市，36个金融中心城市中评分相对较高的前十城市依次是贵阳、青岛、杭州、济南、天津、南京、长春、宁波、合肥和广州（见图3.4.1），全国性金融中心北京、上海、深圳评分分别为77.14分、98.06分和93.14分，分别列全国第35位、第12位和第18位。

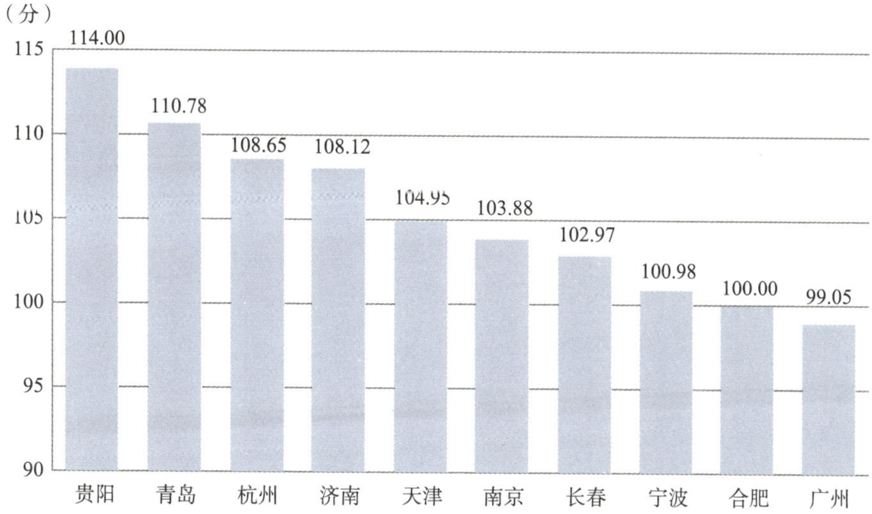

图 3.4.1　2024 年科创型企业融资成本改善景气度评分

具体而言，从科创型企业对当前融资成本较上年变化的评估结果来看，前十城市的市场参与主体对自身所在城市的融资成本的改善情况普遍持保守态度。前十城市中仅合肥有 42%的受访企业认为融资成本较上年有所减少，其余 9 城中皆有 60%以上受访企业认为融资成本不变或增加，其中评分第一的贵阳有 30%的受访企业认为融资成本增加，该占比位列评分前十城市中第 3（见图 3.4.2）。

从金融机构对当前融资成本较上年变化的评估结果来看，前十城市的金融机构对自身所在城市当前融资成本的变化情况同样持较为保守的态度，仅 3 个城市有 40%及以上受访机构认为融资成本较上年有所减少，其余 7 城中皆有 60%以上受访机构认为融资成本增加或不变，其中宁波有 43%的受访机构认为融资成本增加（见图 3.4.3）。

从科创型企业未来一年融资成本变化的预期来看，与当前融资成本相比受访单位持有较为乐观的态度。全国有 36%的受访企业认为未来一年融资成本会减少，高于当前的 29%，35%的受访企业认为保持不变，仅有 28%的受访企业认为会增加（见图 3.4.4）。

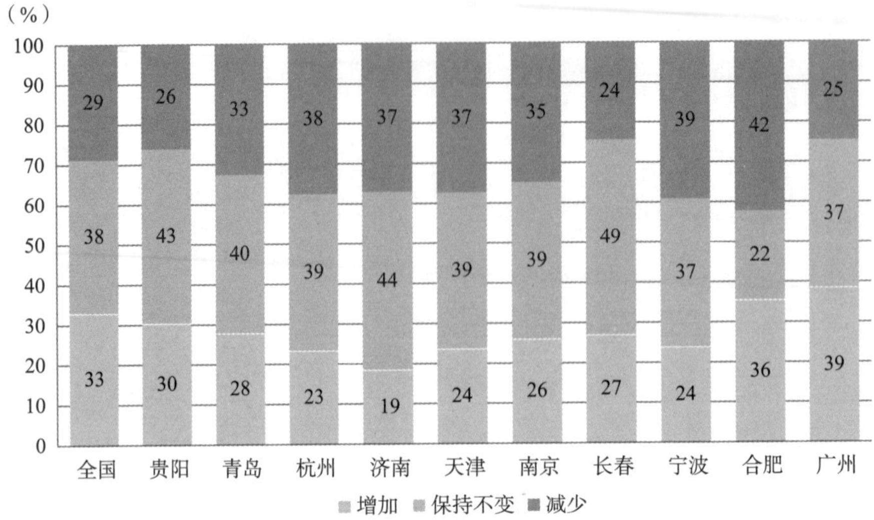

图 3.4.2 2024 年科创型企业融资成本较上年变化调查结果分布

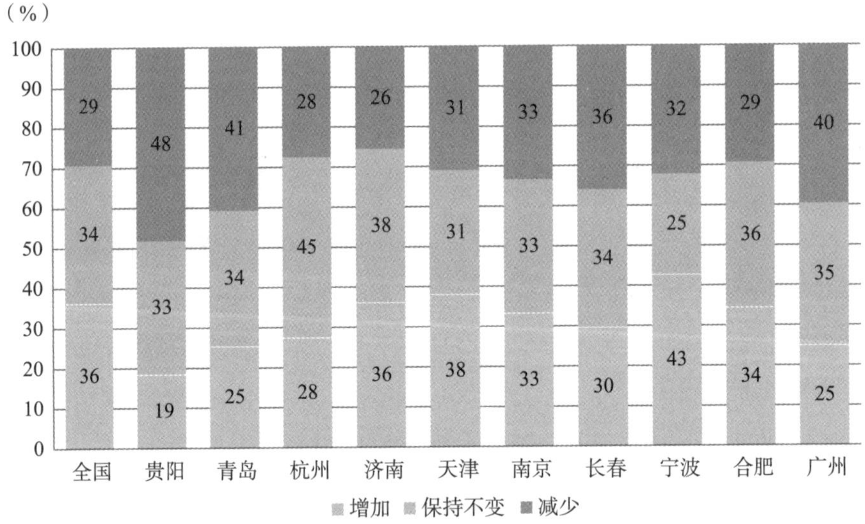

图 3.4.3 2024 年金融机构融资成本较上年变化调查结果分布

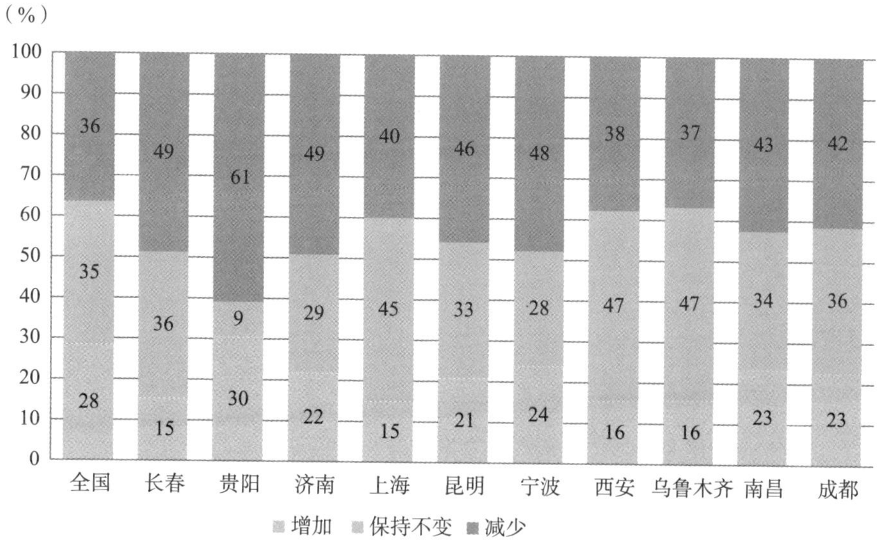

图 3.4.4 科创型企业融资成本未来变化调查结果分布

36 个金融中心城市中，受访企业预期最为乐观的前十城市是长春、贵阳、济南、上海、昆明、宁波、西安、乌鲁木齐、南昌和成都。其中，长春和贵阳的受访企业持正向积极态度的比例最高，长春仅 15%的受访企业认为未来一年融资会变得更难，贵阳约有 2/3 的企业认为融资成本会有所降低。

3.5 面向科创型企业的融资供给情况调查

对 36 个金融中心城市本地科创型企业及相关金融中介服务机构的问卷调查统计显示，2024 年科创型企业融资供给变化评估处于景气状态（评分高于 100）的城市达到 31 个，36 个金融中心城市中评分相对较高的前十城市依次是上海、兰州、北京、杭州、济南、西安、南宁、广州、石家庄和呼和浩特（见图 3.5.1）。

具体而言，从科创型企业对当前融资供给情况调研评估结果的分布来看，前十城市的科创型企业对自身所在城市的融资供给情况普遍持较为积极的态度，有 8 个城市认为当前融资供给增加的受访科创型企业比重均超过 50%，

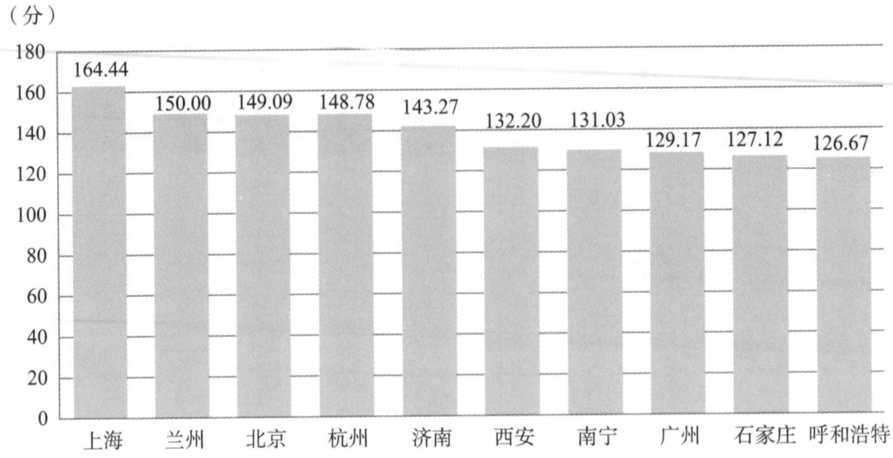

图 3.5.1　科创型企业融资供给改善景气度评分

剩余的广州和石家庄分别有 46%和 49%的受访企业认为融资供给增加。南宁、石家庄和呼和浩特均有超过 20%的受访企业认为融资供给会减少，其余前十城市此类企业占比均低于等于 20%。上海作为全国金融中心，其辖内的科创型企业得到较好的融资支持，有 76%的受访企业认为融资供给增加（见图 3.5.2）。

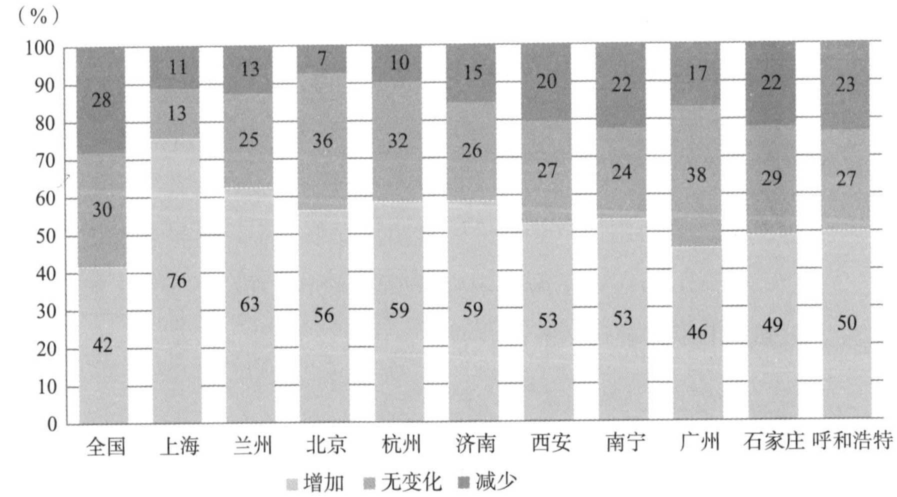

图 3.5.2　2024 年面向科创型企业融资供给情况调查结果分布

3.6　科创型企业融资扩大意愿调查

对 36 个金融中心城市本地科创型企业的问卷调查统计显示，2024 年所有金融中心城市的科创型企业融资扩大意愿评估均处于景气状态（评分高于 100）。36 个金融中心城市中评分相对较高的前十城市依次是北京、上海、济南、西安、武汉、南宁、天津、沈阳、郑州和重庆（见图 3.6.1）。

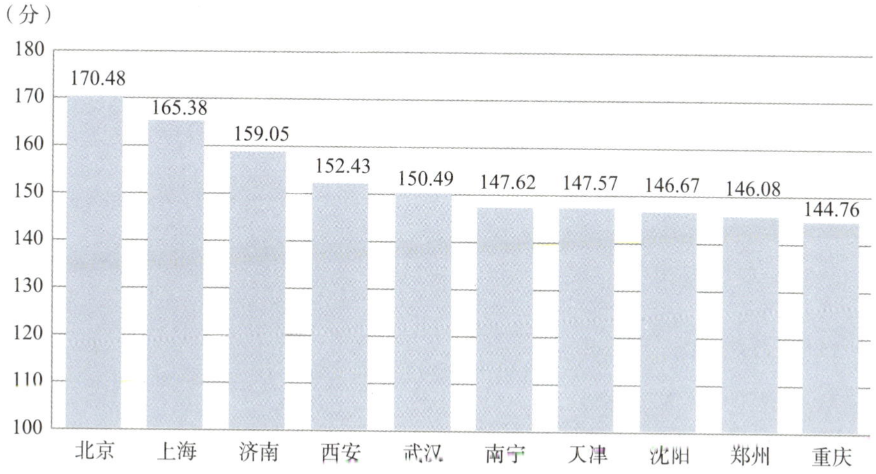

图 3.6.1　科创型企业融资扩大意愿景气度评分

具体而言，从科创型企业对未来融资意愿情况调研评估结果的分布来看，前十城市的科创型企业对未来的融资意愿均较强，认为未来融资需求将增加的受访科创型企业比重均超过 50%，除天津外，认为未来融资需求将减少的受访科创型企业均不超过 15%。以北京为例，认为未来融资需求将增加的受访科创型企业比重高达 76%，认为未来融资需求将减少的受访科创型企业比重仅为 6%（见图 3.6.2）。

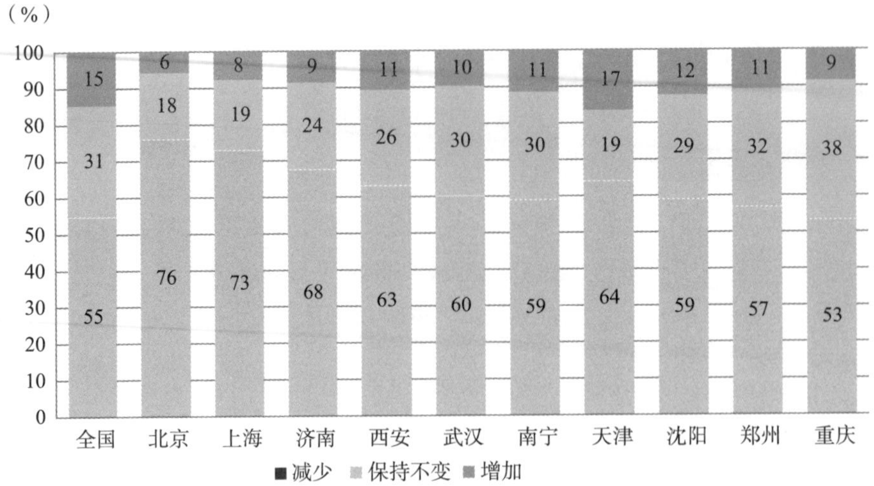

图 3.6.2　未来科创型企业融资需求变化调查结果分布

第四章　科创金融投资景气度分析

科创金融投资景气水平通过评估科创型企业、金融机构、政府等科创金融活动相关方在一定时期内的投资强度和投资意愿，综合反映企业、金融机构和政府等社会各方支持科创事业扩大发展的意愿和实际力度。该分项评价指数由6项指标构成，其中3项客观指标分别是全社会研发投入强度、私募股权投资规模与GDP之比、财政科技支出占比，3项主观评分指标分别是科创型企业研发扩大意愿、科创型企业投资扩大意愿和私募股权投资需求扩张趋势。

4.1　全社会研发投入情况分析

整体来看，2023年我国全社会研发投入活动呈景气上升状态，全国整体研发投入强度提升至2.64%，较上年继续维持提升势头。36个金融中心城市中，有20个城市的全社会研发投入强度较上年实现了提升，仅16个城市的研发投入强度维持不变或降低。

2023年，全社会研发投入强度较高的前十城市依次是北京、深圳、西安、上海、苏州、合肥、杭州、南京、天津和武汉。其中，北京是唯一一个全社会研发投入强度超过6%的金融中心城市，强度高出同期全国平均水平将近1.6倍；深圳和西安研发投入强度指标值仅次于北京，两者均超过了5%（见图4.1.1）。

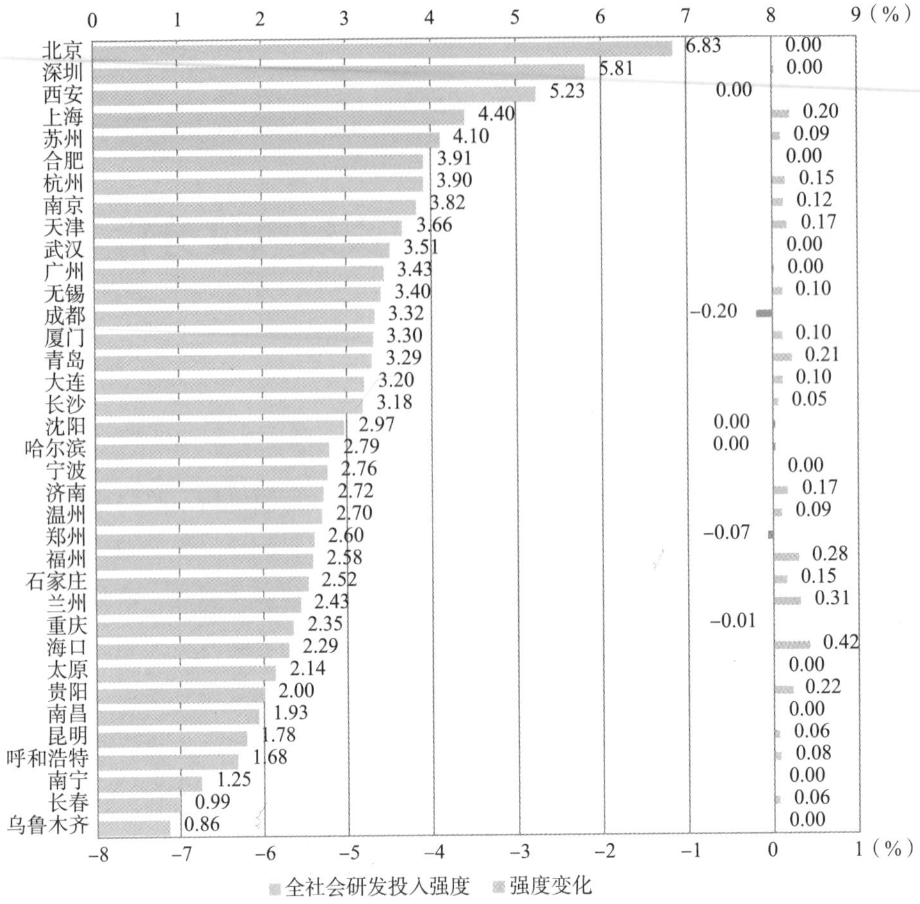

图 4.1.1　2023 年金融中心城市全社会研发投入强度排行和强度变化

2023 年，全社会研发投入强度指标增长最显著的前三城市是海口、兰州、福州，分别较上年提高了 0.42 个、0.31 个和 0.28 个百分点。

2023 年，36 个金融中心城市的全社会研发投入总规模达到了 19695 亿元，约占当年全国总量的 59.18%。当年投入规模较大的城市分别是南京、天津、武汉、广州、无锡、成都、厦门、青岛、大连和长沙等。

北京、上海和深圳全社会研发投入规模遥遥领先其他城市，全年新增规模均超过了 130 亿元。特别是上海，是国内唯一全年新增规模超过 200 亿元的城市。除此之外，苏州 2023 年全社会研发投入规模已经接近广州，大有赶超一线城市之势。上海、杭州同比增速名列前茅，全社会研发投入强度同比增速均超过10%（见图4.1.2）。

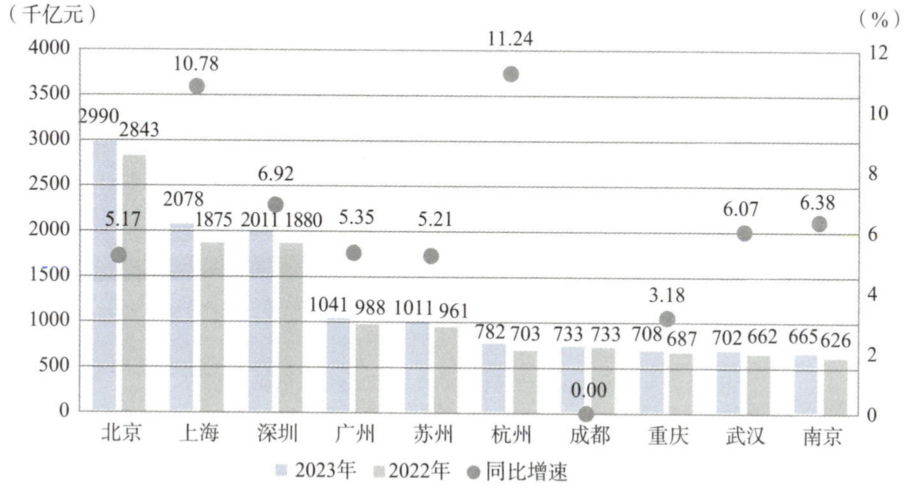

图4.1.2　2023年和2022年全社会研发投入规模前十城市和同比增速

2023年，36个金融中心城市中仅3个城市的研发投入规模出现负增长，12个城市保持了两位数增长速度。其中，海口增速最快，2023年，海口市R&D经费投入较上年增加14亿元，增长35%，是全国平均增速水平的4.32倍。

4.2　科创型企业研发扩大意愿调查

对36个金融中心城市本地科创型企业的问卷调查统计显示，36个城市2024年科创型企业研发扩大意愿评估处于景气状态（评分高于100），表明大多数科创型企业倾向在未来投入更多资源用于科技研发，提升创新能力。其中，评分相对较高的前十城市依次是深圳、昆明、哈尔滨、上海、苏州、大连、成都、贵阳、宁波和广州（见图4.2.1）。

从科创型企业对未来研发扩大意愿的综合评估结果来看，36个金融中心城市科创型企业具有高度意愿在未来加大研发投入，前十城市扩大研

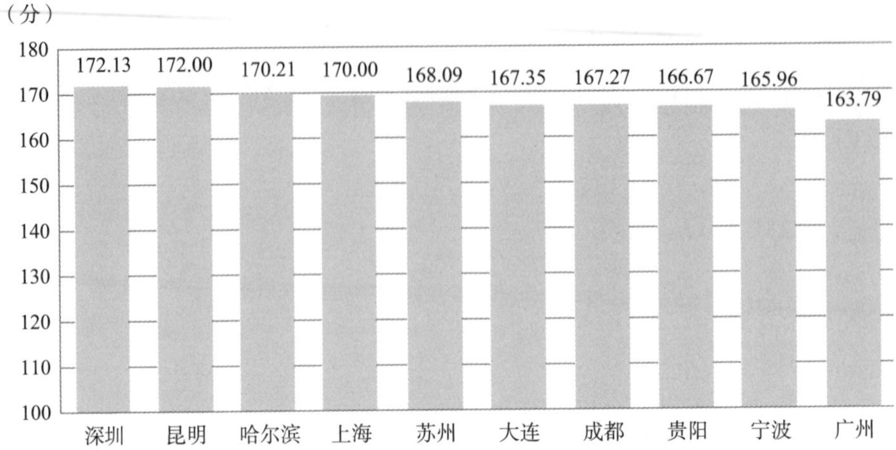

图 4.2.1　科创型企业研发扩大意愿调查评分前十城市

发投入意愿明显更高。以深圳为例，高达 75% 的受访单位表示未来一年将增加研发投入，高出全国平均水平 9 个百分点，而保持不变、减少的比例仅为 21% 和 3%，分别低于全国平均水平 8 个百分点和 3 个百分点（见图 4.2.2）。

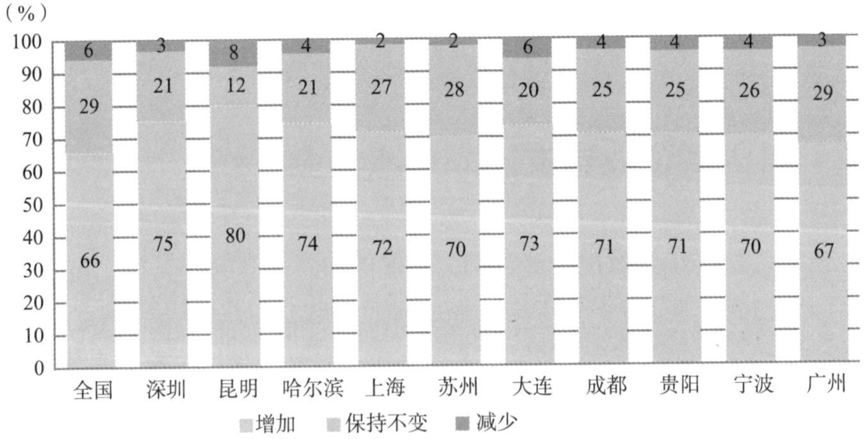

图 4.2.2　科创型企业未来研发扩大变化调查结果分布

4.3　科创型企业投资扩大意愿调查

对 36 个金融中心城市本地科创型企业的问卷调查统计显示，2024 年科创型企业投资扩大意愿评估处于景气状态（评分高于 100）的城市共计 32 个，表明国内大部分城市科创型企业倾向在未来扩大投资范围。其中，评分相对较高的前十城市依次是宁波、深圳、南昌、南京、西安、哈尔滨、重庆、杭州、呼和浩特和福州（见图 4.3.1）。

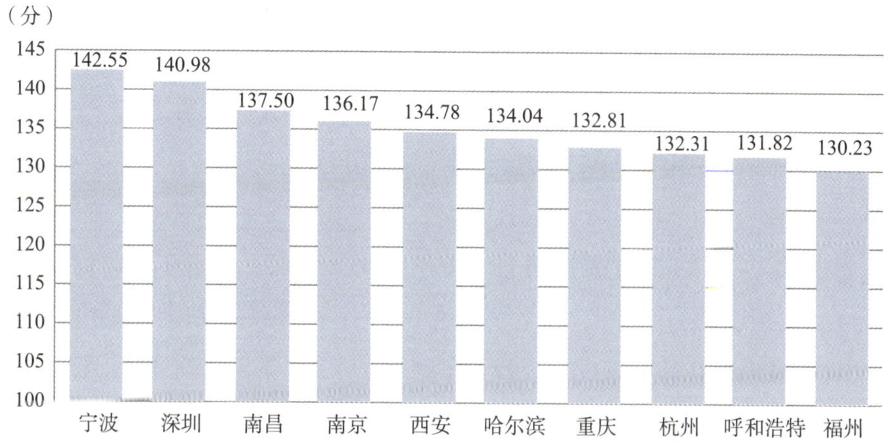

图 4.3.1　科创型企业投资扩大意愿调查评分前十城市

从科创型企业对未来投资扩大意愿的综合评估结果来看，36 个金融中心城市科创型企业具有高度意愿在未来扩大投资规模，前十城市扩大投资意愿明显更高。以宁波为例，53%的受访单位有意向增加投资，高出全国平均水平 15 个百分点，而保持不变、减少的比例仅为 36%和 11%，分别低于全国平均水平 6 个百分点和 9 个百分点（见图 4.3.2）。

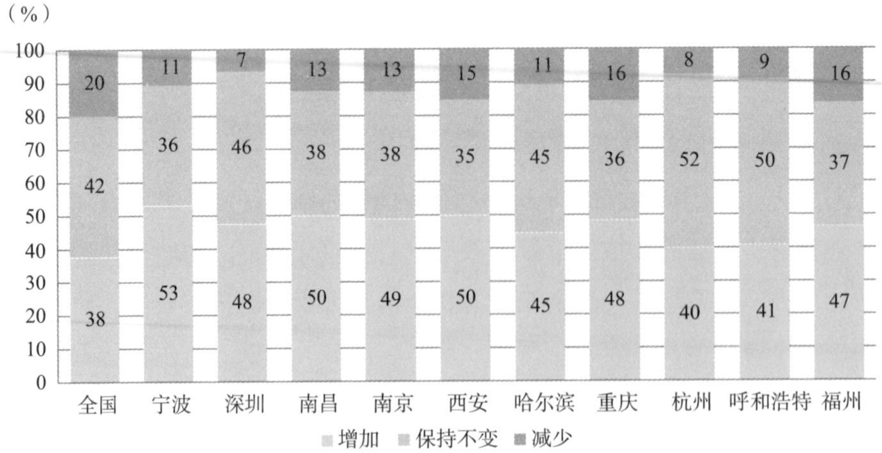

图 4.3.2　科创型企业未来投资扩大变化调查结果分布

4.4　私募股权投资规模及需求调查

2023 年，我国私募股权投资景气度出现明显下降，年末私募股权投资规模与 GDP 之比仅为 0.45%，较上年下滑 0.12 个百分点。36 个金融中心城市中，24 个城市的私募股权投资规模与 GDP 之比出现下降，有 11 个城市出现上升。

2023 年，私募股权投资规模与 GDP 之比较高的前十城市是厦门、北京、苏州、无锡、南京、青岛、深圳、杭州、合肥和海口，跨度范围小。前十城市中，仅无锡和合肥私募股权投资规模与 GDP 之比较上年上升，其他城市均出现下滑（见图 4.4.1）。

2023 年，36 个金融中心城市的私募股权投资规模占全国比重为 74.44%，较上年上升 0.78 个百分点。36 个金融中心城市私募股权投资规模与 GDP 之比平均水平达到了 0.59%，高出同期全国平均水平 0.14 个百分点。

从供给端看，2023 年我国私募股权投资总体规模出现较大幅度下滑，从 2022 年的 5972 亿元降至 2023 年的 5271 亿元，降幅达 11.74%。36 个金融中心城市的私募股权投资规模下降幅度低于全国降幅水平，从 2022 年的 4399

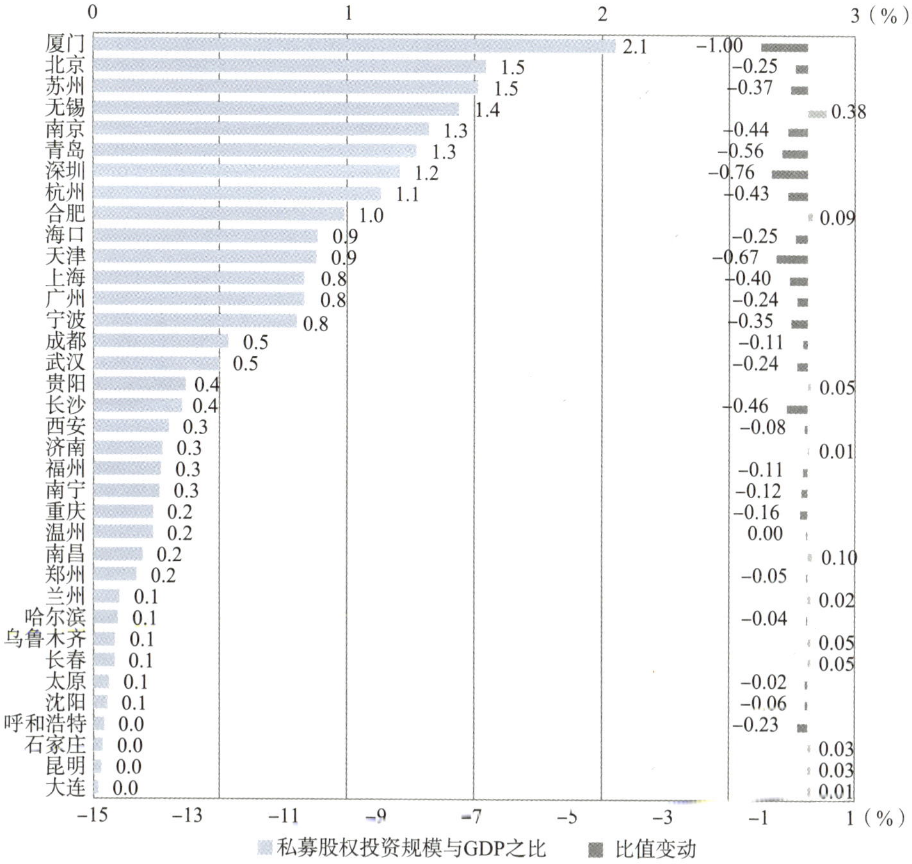

图 4.4.1　金融中心私募股权投资规模与 GDP 之比排行和比值变动

亿元降至 2023 年的 3923 亿元，降幅达 10.82%。其中，21 个城市较上年出现不同程度下降，6 个城市涨幅超过 100%，15 个城市私募股权投资规模实现了提升，分别为北京、无锡、合肥、宁波、长沙、南昌、兰州、乌鲁木齐、长春、太原、沈阳、呼和浩特、石家庄、昆明和大连。

私募股权投资规模排名前十的是北京、苏州、深圳、上海、无锡、广州、杭州、南京、青岛和宁波。其中，北京、深圳、上海作为全国性金融中心，私募股权投资规模遥遥领先，分别达到 716.50 亿元、352.89 亿元和 338.23 亿元；苏州私募股权投资超过深圳，达到 353.08 亿元（见图 4.4.2）。

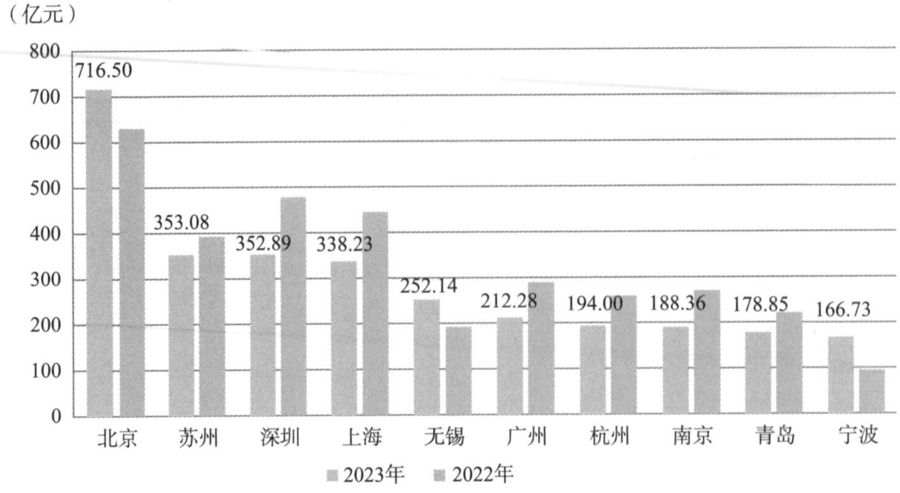

图 4.4.2　2023 年和 2022 年私募股权投资规模前十城市

从需求端看，对 36 个金融中心城市本地科创型企业的问卷调查统计显示，2023 年科创型企业对私募股权投资需求处于扩张状态，除呼和浩特外，其余城市评分均高于 100，表明在私募股权投资规模出现大规模缩小、供给相对紧缺的情况下，多数城市的科创型企业对私募股权投资需求并未减少，普遍具有高度意愿获得私募股权投资（见图 4.4.3）。

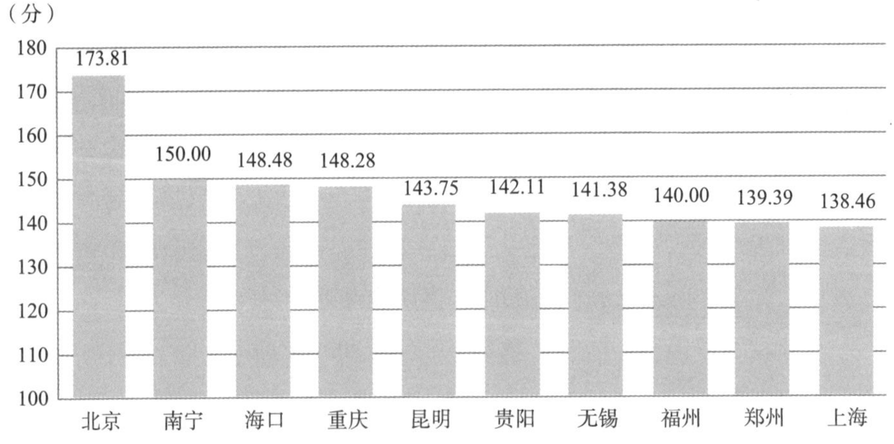

图 4.4.3　科创型企业私募股权投资需求调查评分前十城市

从科创型企业对私募股权投资需求的评估结果来看，前十城市的市场科创型企业对获得私募股权投资的需求相对较高，相对较高的前十城市依次是北京、南宁、海口、重庆、昆明、贵阳、无锡、福州、郑州和上海。以北京为例，79%的受访单位对获得私募股权投资的需求增加，高出全国平均水平31个百分点，而保持不变、减少的比例仅为17%和5%，分别低于全国平均水平17个百分点和13个百分点（见图4.4.4）。

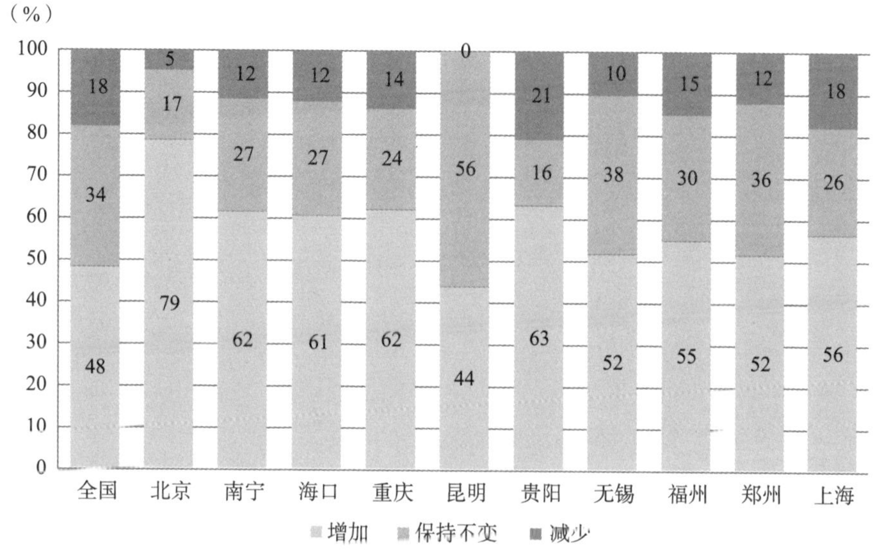

图4.4.4　科创型企业私募股权投资需求变化调查结果分布

4.5　财政科技支出统计分析

整体来看，2023年我国财政科技支出占比基本不变，全国财政科技支出占一般公共预算支出比重为3.85%，较上年无涨跌幅变化。36个金融中心城市中，23个城市的财政科技支出占比较上年实现了提升，11个城市的财政科技支出占比出现下滑。36个金融中心城市财政科技支出占比平均达到了4.49%，高出同期全国水平0.64个百分点。

2023年，地方财政科技支出占一般公共预算支出比重较高的前十城市依次是合肥、苏州、杭州、武汉、宁波、深圳、广州、南京、成都和郑州。其中，合肥财政科技支出占比达到 17.43%；苏州财政科技支出占比次之，为 10.30%；除成都和郑州外，其他 6 个城市财政支出占比均超过 6%。前十城市中，苏州、杭州、武汉、宁波、广州财政科技支出占比出现上升，南京财政科技支出占比较上年不变，其他城市财政科技支出占比有所下降（见图 4.5.1）。

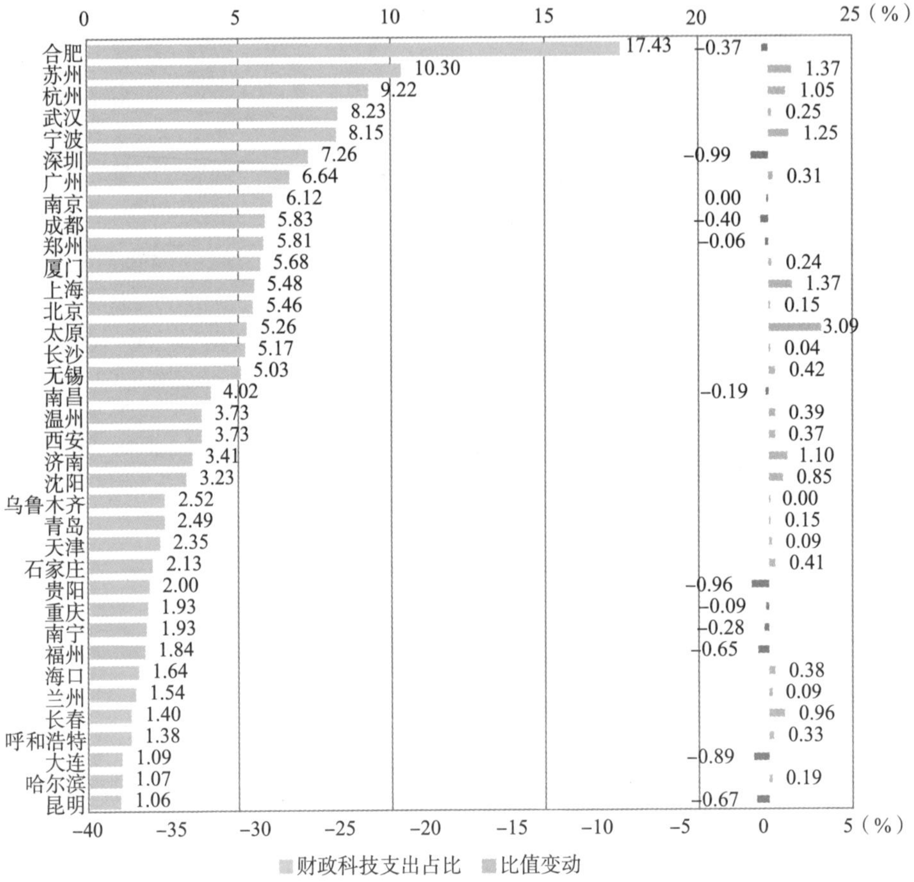

图 4.5.1　金融中心城市财政科技支出占比排行和比值变动

2023 年，36 个金融中心城市的财政科技支出总规模达到了 3864 亿元，约占当年全国总量的 36.57%。财政科技支出规模较大的前十城市分别是上海、北京、深圳、苏州、合肥、杭州、广州、宁波、武汉和成都。其中，上海和北京财政科技支出规模超过 400 亿元，其他城市的财政科技支出规模为 150 亿~370 亿元（见图 4.5.2）。

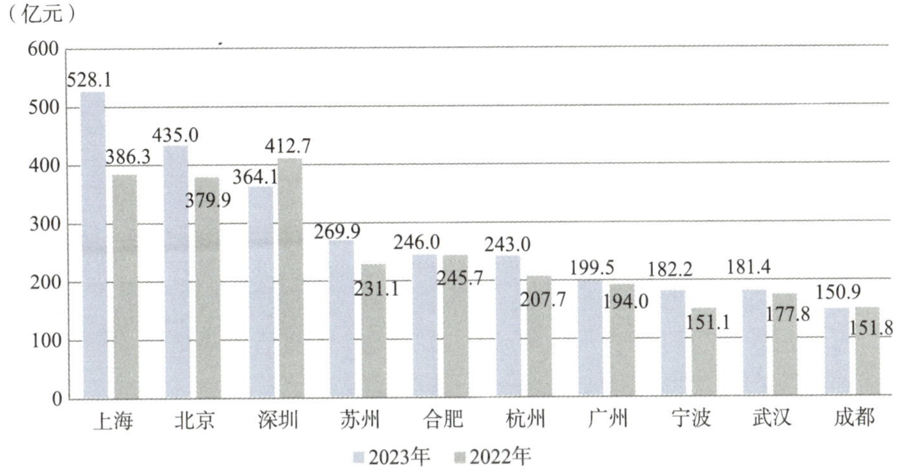

图 4.5.2 2023 年和 2022 年财政科技支出规模前十城市

2023 年，36 个金融中心城市中，28 个城市财政科技支出规模实现了正增长，18 个城市保持了两位数增长速度，其中长春、太原增速超过 100%，分别达到了 261.88%、163.32%。值得注意的是，受宏观环境影响，深圳、贵阳、南宁、福州、大连、昆明等城市财政科技支出规模下降超过 10%，其中多数为南方城市。

第五章　科创金融绩效景气度分析

科创金融绩效景气水平是对本地科创事业发展成效和成果产出的评估，可以反映一段时期内地方科创金融在支持科创型企业培育、原始创新活动和技术创新活动方面的有效性。该分项评价指数由 8 项指标构成，其中 6 项客观指标分别是单位 GDP 高新技术企业数、单位 GDP 国家级专精特新"小巨人"企业数、单位 GDP 上市科创型企业数、单位 GDP 上市科创型企业总市值与 GDP 之比、单位人口 SCI 论文发表数、单位人口新增发明专利授权量，2 项主观评分指标分别是本地科创产业发展基础评价和本地科创产业发展潜力评价。

5.1　科创产业发展优势及潜力调查分析

对 36 个金融中心城市本地科创型企业及相关金融和中介服务机构进行问卷调查统计分析，从科创产业发展基础评价角度来看，2024 年 36 个城市科创产业发展基础评估得分均处于景气状态（评分高于 100），其中评分相对较高的前十城市依次是北京、上海、广州、济南、杭州、石家庄、重庆、南京、深圳和南宁（见图 5.1.1）。

从各城市受访者对本地科创产业发展评价的综合评估结果来看，前十城市的受访者对自身所在城市的科创产业发展较为认可，评价整体均优于全国平均水平。以北京为例，90%的受访者认为本地科创产业发展基础较好，高

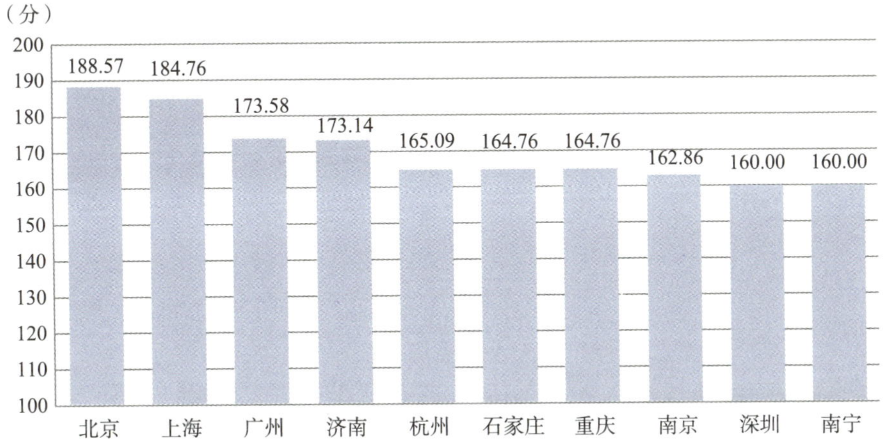

图 5.1.1　2024 年科创产业发展基础调查评分前十城市

出全国平均水平 24 个百分点。在前十城市中，受访者对北京和上海科创产业发展基础更为认可，近 90%的受访者认为上海科创产业发展基础较好（见图 5.1.2）。

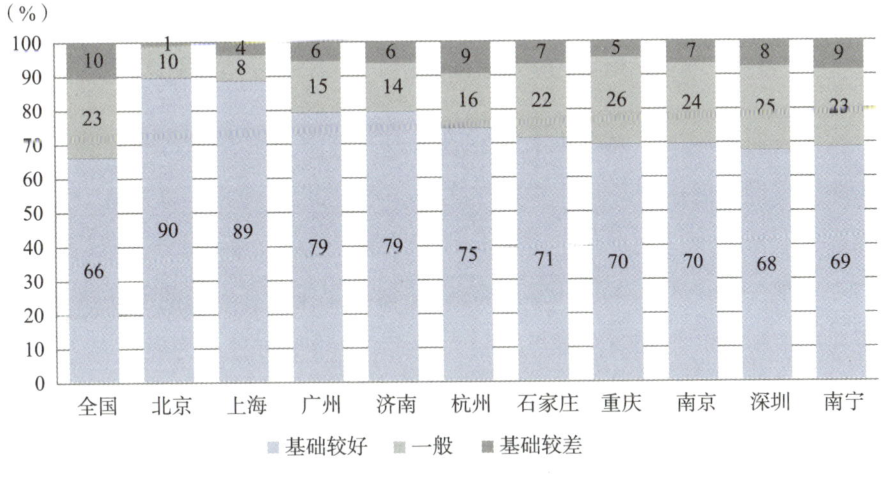

图 5.1.2　2024 年本地科创产业发展评价前十城市

从各城市对科创发展具体优势的评价来看，排名前十的城市普遍在产业基础、科创氛围、人才供给、支持政策、金融服务、高校院所等方面优于全国平均水平。以北京为例，48%的受访者认为北京的科创产业基础好，43%的受访者认为北京科创氛围活跃，60%的受访者认为北京的科创支持政策给力。这种表现说明，地方科创产业发展可以主要在建设科创产业基础设施、营造科创发展环境和加强科创支持政策等方面发力，以快速提升本地科创产业发展水平（见图5.1.3）。

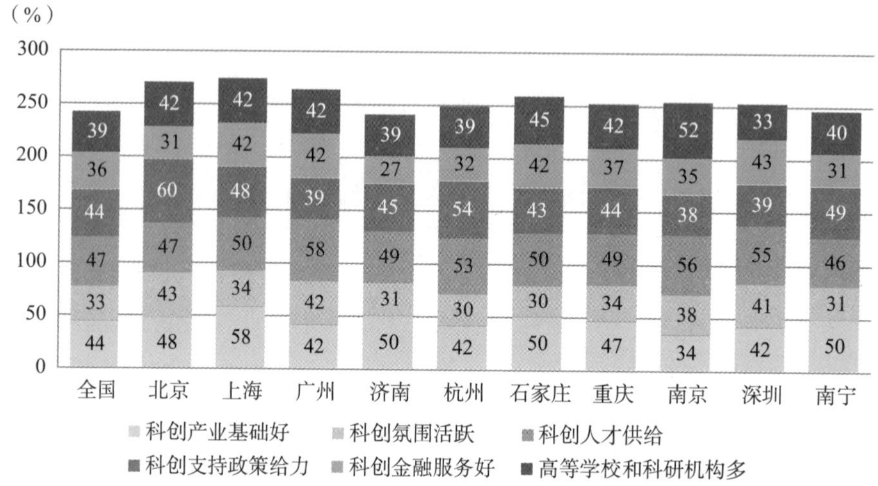

图5.1.3　2024年本地科创产业发展评价前十城市对发展优势的评价情况

本次也对各城市科创产业未来发展潜力评价做了调查，36个城市科创产业未来发展潜力评估得分均处于景气状态（评分高于100），其中评分相对较高的前十城市依次是北京、广州、上海、济南、杭州、深圳、南宁、石家庄、厦门和成都（见图5.1.4）。从问卷调查总体结果来看，76%的受访者认为自身所在城市科创产业未来发展潜力较大，仅3%的受访者认为发展潜力较低。具体到各城市来看，排名前十的金融中心城市中，接近九成的北京、广州、上海和济南地区受访者持正向积极态度，显示出受访者对自身所在城市的强烈信心（见图5.1.5）。

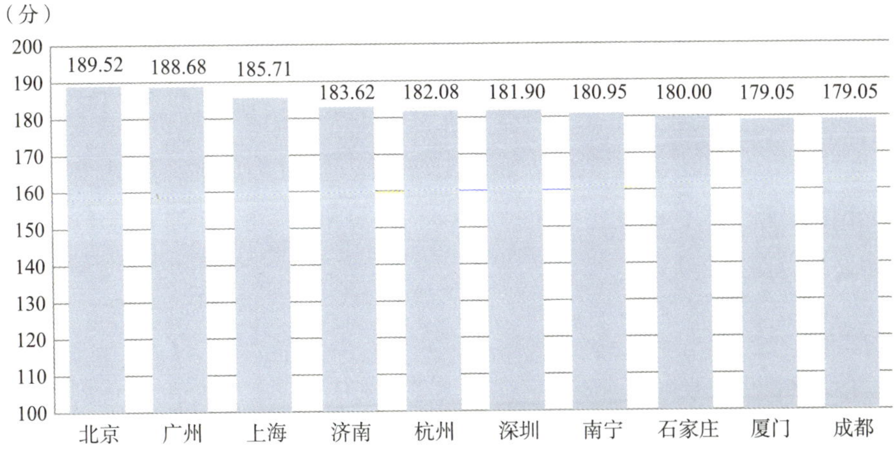

图 5.1.4 2024 年科创产业未来发展潜力调查评分前十城市

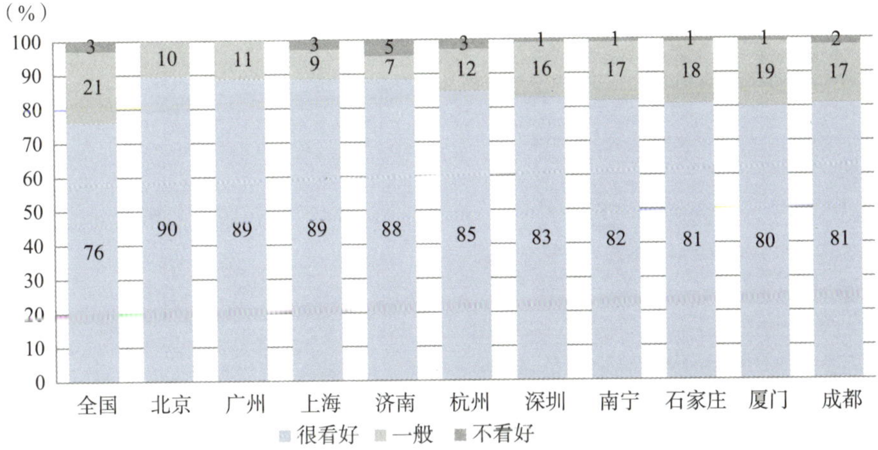

图 5.1.5 2024 年本地科创产业未来发展潜力前十城市的问卷评分结构

5.2 科创型企业培育发展绩效分析

从国家高新技术企业的发展口径来看，2023 年我国高新技术类科创型企业的培育发展呈景气上升状态，全国每亿元国家高新技术企业数较上年提升 9.09%，增长势头良好。36 个金融中心城市中，32 个城市的每亿元国家高新技术企业数较上年实现了提升，仅 4 个城市的每亿元国家高新技术企业数维持不变或降低。

2023 年，每亿元国家高新技术企业数比重较高的前十城市依次是西安、深圳、天津、杭州、北京、武汉、苏州、沈阳、南京和成都。其中，西安每亿元国家高新技术企业数比重超过 0.8%，指标值较 2022 年增长 0.23%，涨幅明显（见图 5.2.1）。

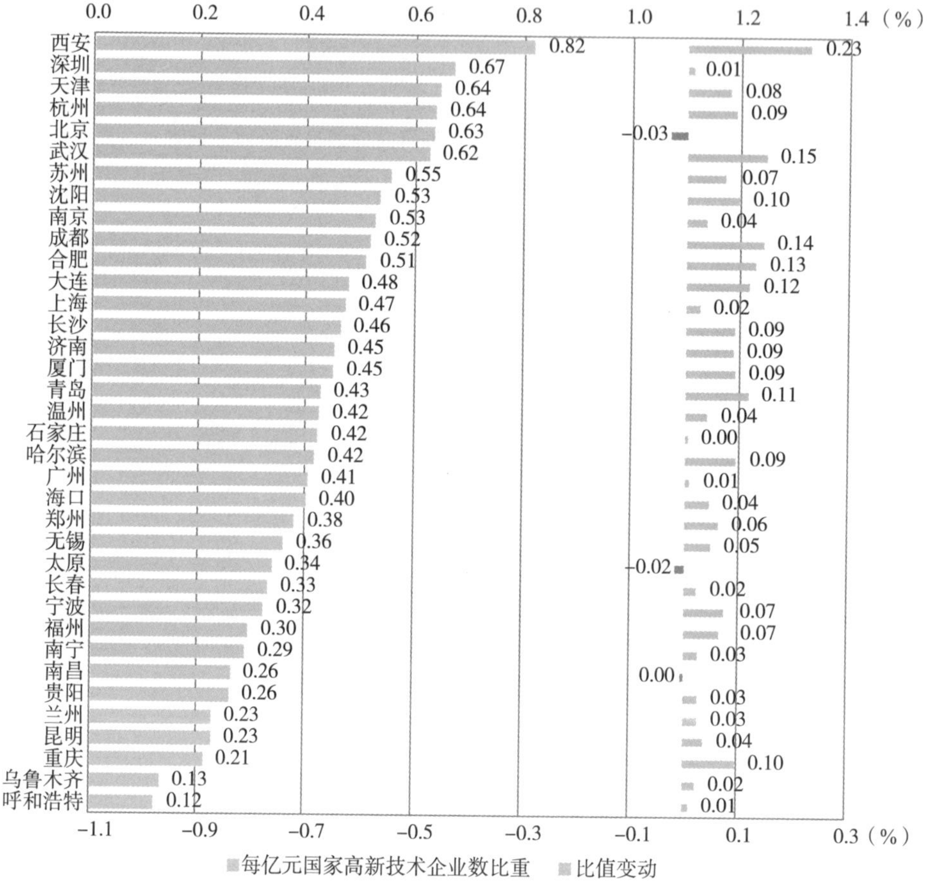

图 5.2.1　金融中心城市每亿元国家高新技术企业数比重排行和比值变动

2023 年，36 个金融中心城市的每亿元国家高新技术企业培育总量达到了 25.23 万家，约占当年全国总量的 56%。其中，每亿元高新技术企业数较多的前十城市分别是北京、深圳、上海、苏州、杭州、武汉、广州、成都、天津和西安。值得注意的是，北京、深圳和上海的每亿元国家高新技术企业数均超过 2 万家，在全国城市中遥遥领先（见图 5.2.2）。

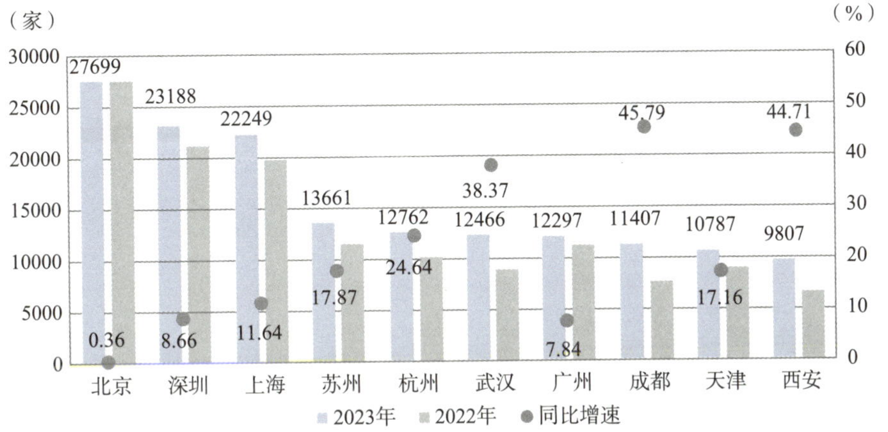

图 5.2.2　2023 年和 2022 年每亿元国家高新技术企业培育总量前十城市企业数和同比增速

从国家级专精特新“小巨人”企业的发展来看，2023 年我国“专精特新”类科创型企业的培育发展同样呈高度景气上升状态，全国每百亿元国家级专精特新“小巨人”企业数较上年提升 24.76%，增长势头依旧强劲。36 个金融中心城市每百亿元国家级专精特新“小巨人”企业数较上年均实现提升，其中，深圳、苏州、无锡涨幅明显，指标值增长变化均超过了 0.8 家/百亿元（见图 5.2.3）。

2023 年每百亿元国家级专精特新“小巨人”企业数较多的前十城市依次是深圳、宁波、厦门、北京、杭州、苏州、温州、武汉、无锡和合肥。其中，宁波和厦门力压北京和上海两个一线城市，遥遥领先，每百亿元国家级专精特新“小巨人”企业数均超过 1.7 家，相当于两个城市每创造 100 亿元 GDP 的背后就差不多有接近 2 家国家级专精特新“小巨人”企业的支撑。

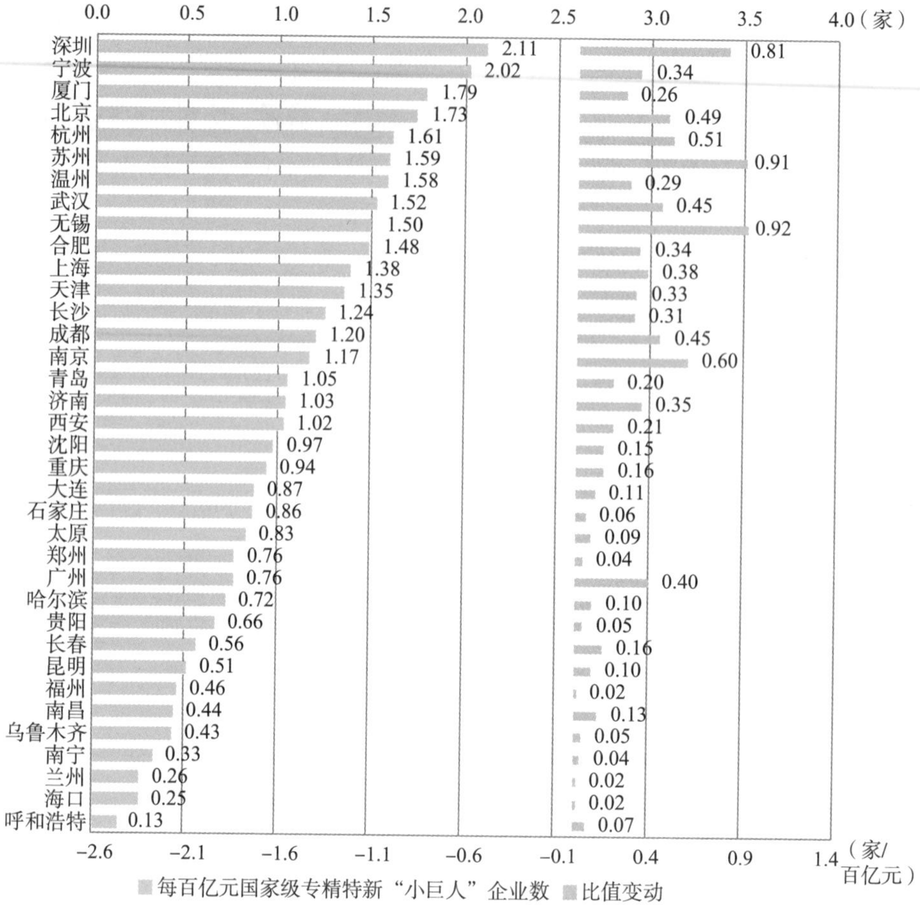

图 5.2.3　2023 年金融中心城市每百亿元国家级专精特新“小巨人”企业数排行和比值变动

2023 年，36 个金融中心城市的国家级专精特新“小巨人”企业总数量达到了 6668 家，约占当年全国总量的 57.03%。其中，数量较大的前十城市分别是北京、深圳、上海、苏州、宁波、杭州、武汉、重庆、成都和无锡，全年新增规模平均超过 150 家（见图 5.2.4）。

值得注意的是，北京、深圳、上海和苏州 2023 年底的国家级专精特新“小巨人”企业新增数量均超过 200 家，同比增速均超过 45%，表明我国国家级专精特新“小巨人”企业的培育呈现明显的马太效应。

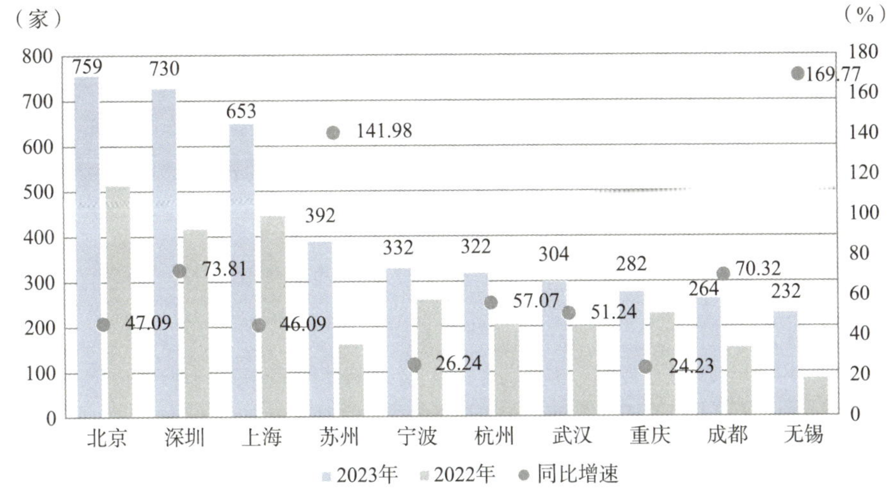

图 5.2.4　2023 年和 2022 年每百亿元国家级专精特新
“小巨人”企业培育总量前十城市企业数和同比增速

5.3　上市科创型企业情况分析

科创型企业通常指以科技创新为核心竞争力的企业，为更好地明确研究范围，本书根据 2021 年证监会公布的《科创属性评价指引（试行）》筛选符合科创精神的上市企业①，以研发投入占营业收入比例为判定标准，在全体科创板上市企业的基础上，将创业板和北京证券交易所（北交所）中符合判定标准的企业也纳入研究范围，以期对符合科创精神的上市企业进行相对全面的统计。

截至 2023 年 12 月 31 日，符合本书定义的科创型上市企业共计 1221 家，其中，科创板上市企业 566 家，创业板上市企业 563 家，北交所上市企业 92 家。

---

①　根据《科创属性评价指引（试行）》中领悟的科创精神，本书所指的科创型上市企业认定范围限定在科创板、创业板和北京证券交易所上市企业中。其中：科创板上市企业全部认定为科创型企业；创业板和北京证券交易所上市企业中，剔除金融和房地产相关企业，剩余企业中只要满足最近 3 年研发投入占营业收入比例 5%以上（若企业 wind 行业类别为软件，则要求最近 3 年研发投入占营业收入比例 10%以上），均认定为科创型企业。

2023 年，我国金融中心城市每千亿元上市科创型企业数为上升状态，全国金融中心城市每千亿元上市科创型企业数较上年提升 6.5%，继续维持提升势头。36 个金融中心城市中，有 22 个城市的指标值较上年实现了提升，仅 14 个城市的指标值维持不变或降低。36 个金融中心城市每千亿元上市科创型企业数平均达到了 1.22 家，高出同期全国 26%。

2023 年，每千亿元上市科创型企业数最高的前十城市依次是深圳、北京、苏州、杭州、上海、合肥、南京、西安、厦门和长沙。其中，深圳、北京、苏州、杭州和上海较为突出，均超过 2.9 家。前十城市的单位 GDP 上市科创型企业数较上年均有所上升（见图 5.3.1）。

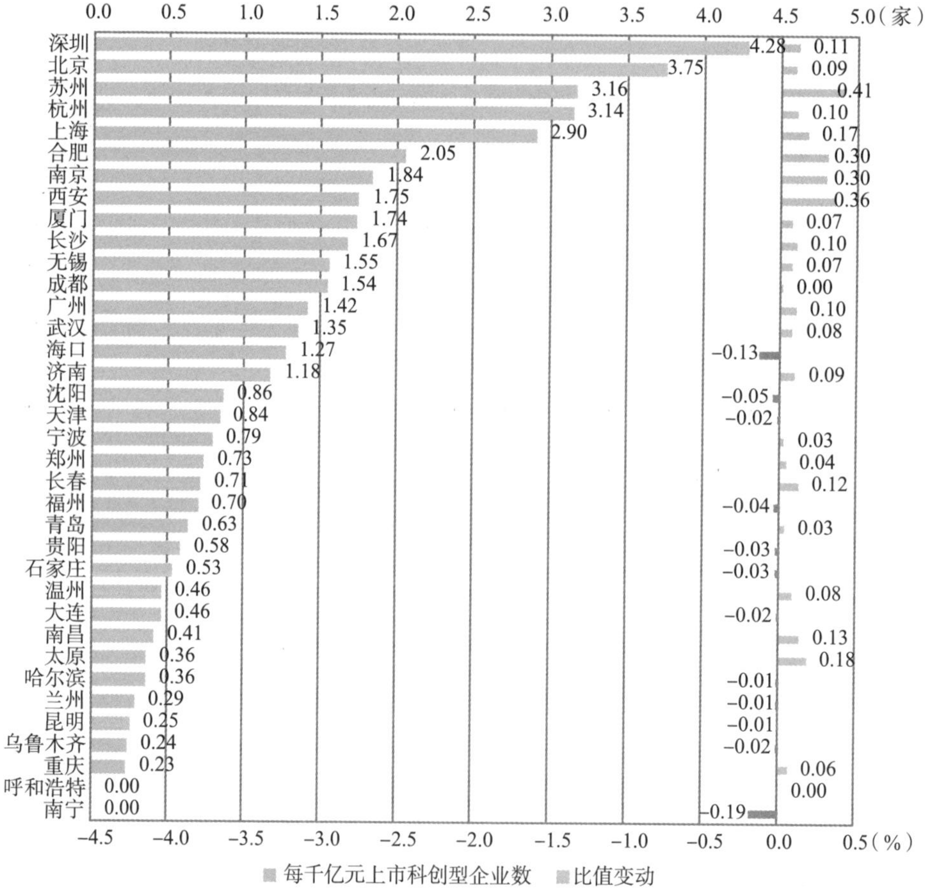

图 5.3.1　2023 年金融中心城市单位 GDP 上市科创型企业数排行和比值变动

2023 年，36 个金融中心城市的上市科创型企业数达到了 954 家，约占当年全国全部上市科创型企业的 78.1%。其中，上市科创型企业数较高的前十城市依次是北京、深圳、上海、苏州、杭州、广州、成都、南京、武汉和合肥。其中，北京、深圳和上海的上市科创型企业数突破百家，苏州和杭州紧随其后，排名前五的城市集中了约 48.3%的国内上市科创型企业；前十城市的上市科创型企业数量占全国上市科创型企业数量比重均较上年增加 0.4%（见图 5.3.2）。

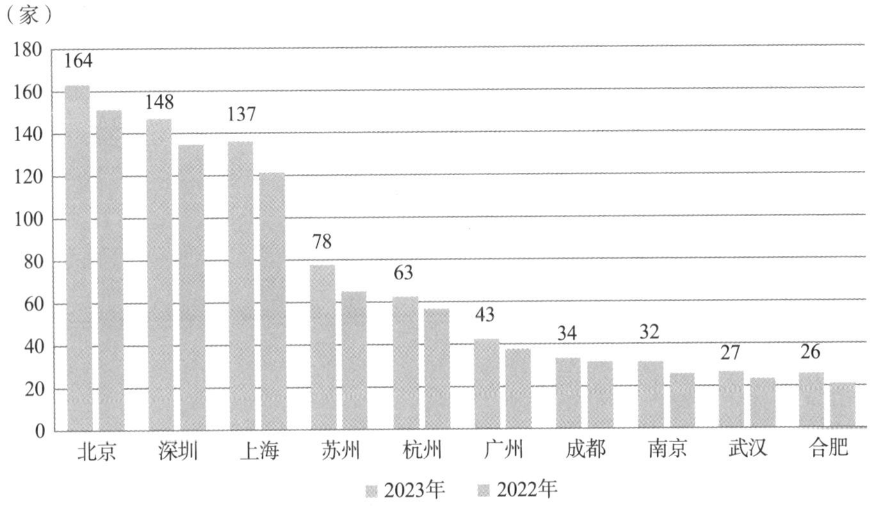

图 5.3.2　2023 年和 2022 年金融中心城市上市科创型企业数前十城市

2023 年，36 个金融中心城市中有 23 个城市的上市科创型企业数实现了正增长。其中，上海上市科创型企业数量增加最多，于 2023 年增加 15 家，在其之后是深圳、北京和苏州，分别增加 13 家、12 家和 12 家。此外，杭州、南京、合肥、西安和广州紧随其后，分别增加 5~6 家企业，说明我国科创型企业发展逐步呈现遍地开花的态势。

整体来看，2023 年我国各地科创型企业市值增长相对各地 GDP 增长喜忧参半，在 2023 年 GDP 增速为 5.2%的背景下，全国科创型企业总市值与 GDP 比值较上年略微下滑 0.2%，前十城市中有 4 个城市比值下滑。尽管如此，36 个金融中心城市科创型企业总市值与 GDP 比值平均仍达到了 11.62%，高出同期全国水平 1.59 个百分点。

2023 年，科创型企业总市值与 GDP 比值较高的前十城市依次是深圳、上海、北京、苏州、无锡、杭州、西安、长沙、沈阳和厦门。其中，深圳是唯一一个科创型企业总市值与 GDP 比值超过 50%的金融中心城市，比值高出同期全国 5.3 倍；上海和北京是仅次于深圳的金融中心城市，比值均超过了 40%（见图 5.3.3）。

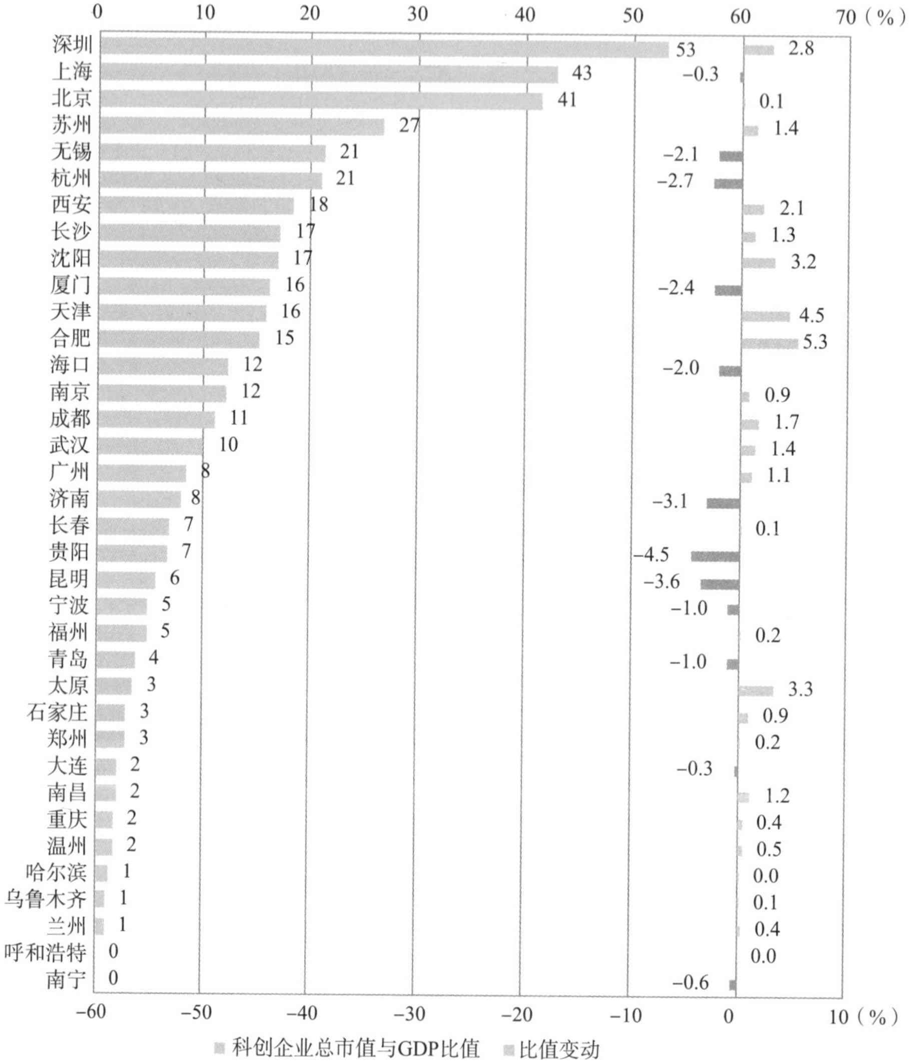

图 5.3.3　2023 年金融中心城市科创型企业总市值与 GDP 比值排行和比值变动

2023 年，36 个金融中心城市的上市科创型企业总市值达到了 98042 亿元，约占当年全国总量的 77.57%。其中，上市科创型企业总市值较高的前十城市分别是上海、深圳、北京、苏州、杭州、无锡、天津、广州、长沙和成都。上海、深圳和北京位列前三，其上市科创型企业总市值与其他城市拉开了明显差距，前三城市上市科创型企业总市值就占全国总量的 44.8%。值得注意的是，深圳 2023 年上市科创型企业总市值反超北京，成为第 2（见图 5.3.4）。

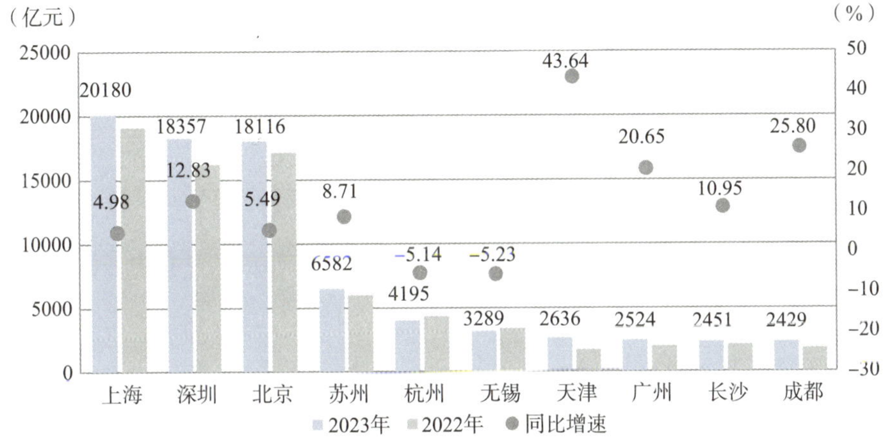

图 5.3.4 2023 年和 2022 年金融中心城市中上市科创型企业总市值前十城市和同比增速

2023 年，36 个金融中心城市中有 24 个城市的上市科创型企业总市值实现了正增长。其中，合肥和天津在上市科创型企业总市值方面表现出较高增速，总市值较上年分别增加 738.78 亿元和 800.78 亿元，增速分别达到 62.09% 和 43.64%，在相对领先城市中保持着较高增速。

5.4 全社会原始创新及成果产出分析

整体来看，2023 年我国全社会原始创新活动呈景气上升状态，36 个金融中心城市每万人 SCI 论文发表数相较于上一年均实现了提升，整体平均提升

4.07 篇。

2023 年，每万人 SCI 论文发表数较多的前十城市依次是北京、南京、武汉、杭州、西安、上海、兰州、广州、济南和长沙（见图 5.4.1）。其中，北京和南京每万人 SCI 论文发表数在全国遥遥领先，每万人 SCI 论文发表数分别达到 94.44 篇和 83.29 篇，较其他排名靠后城市高出将近一倍或以上。

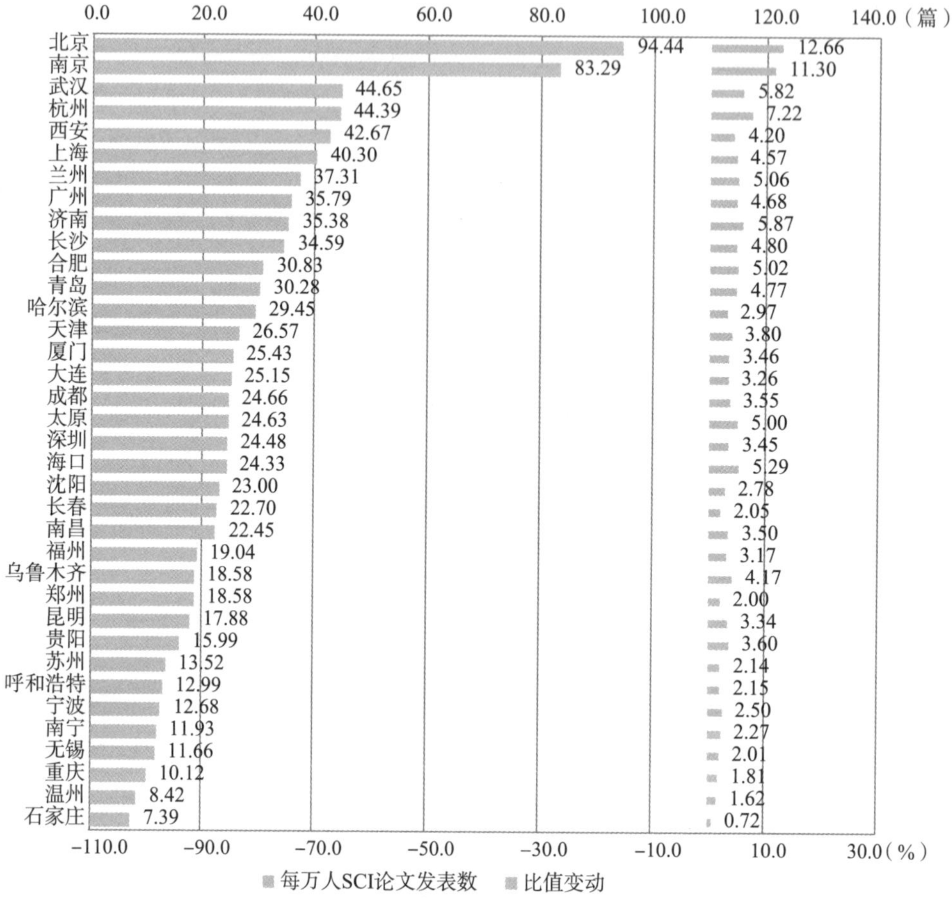

图 5.4.1　2023 年金融中心城市每万人 SCI 论文发表数排行和比值变动

与此同时，北京和南京该项指标值的增长变动值在所有排名城市中也是较多的前二城市，表明两者在原始创新领域的成果产出较其他城市的领先优势还在进一步扩大。

2023 年，36 个金融中心城市的全年 SCI 论文发表总数达到了 759162 篇，较 2022 年增加 15.7%。其中，数量较多的前十城市分别是北京、上海、南京、广州、武汉、西安、杭州、成都、深圳和长沙，全年新增 SCI 论文发表数均超过了 3 万篇，这一排名与这些城市的高校科研院所实力是高度对应的（见图 5.4.2）。

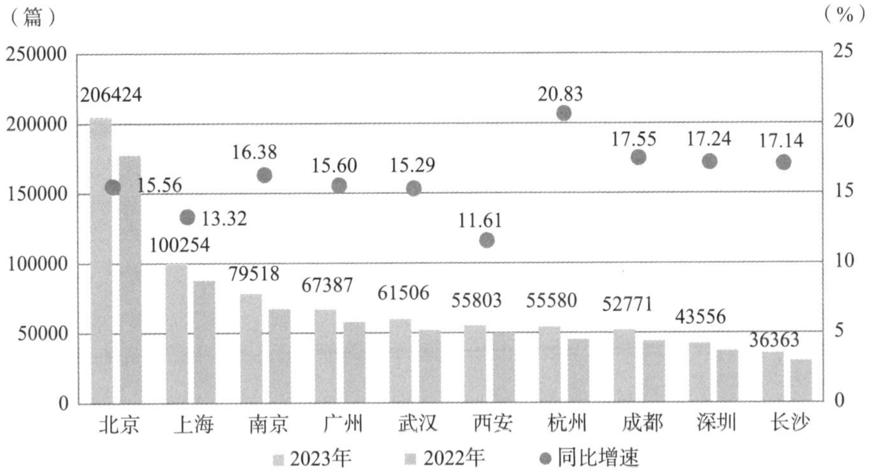

图 5.4.2　2023 年和 2022 年全年 SCI 论文发表数前十城市和同比增速

值得注意的是，前十城市 2023 年 SCI 论文发表数量较上年同比增速均超过 10%，体现出强劲的原始创新活跃度和科研创新实力。

5.5　全社会技术创新及成果产出分析

整体来看，2023 年我国全社会技术创新活动呈景气上升状态，全国每万人新增发明专利授权量较上年提升了 0.88 件，增幅达到 15.58%，增长势头较好。36 个金融中心城市中仅 5 个城市全国每万人新增发明专利授权量较上年有所下降。

2023 年，每万人新增发明专利授权量较高的前十城市依次是北京、深圳、南京、杭州、苏州、广州、上海、武汉、无锡和青岛（见图 5.5.1）。其中，北京每万人新增发明专利授权量一骑绝尘，该项指标值接近50件，比第二名深圳多出近15件。

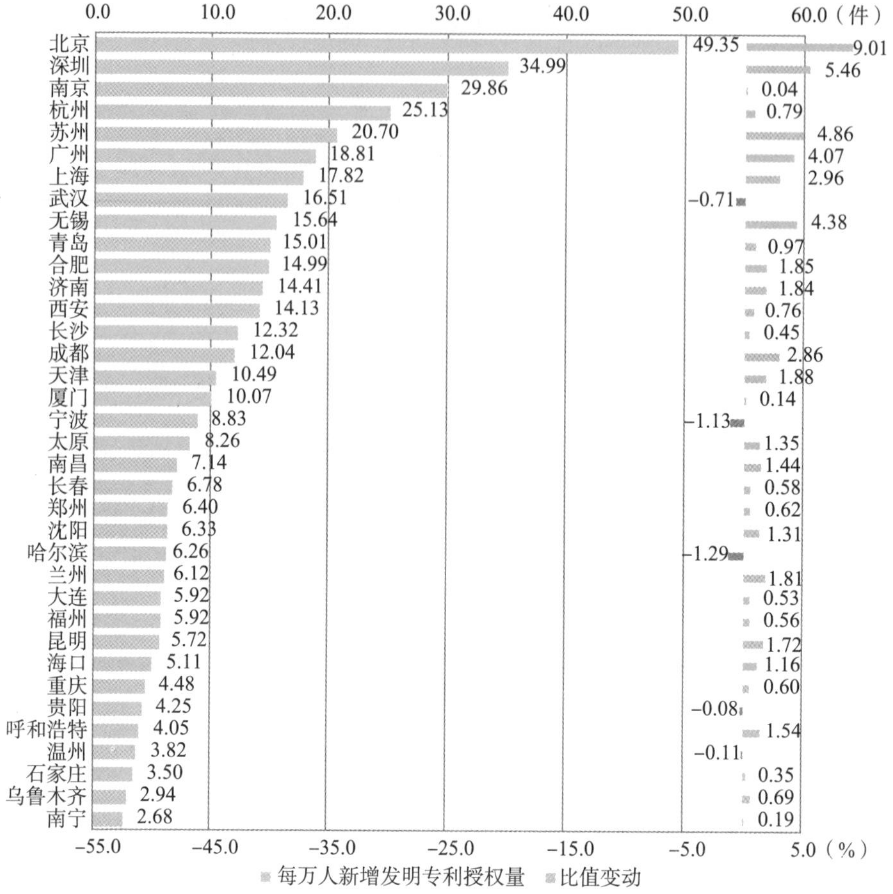

图5.5.1　2023年金融中心城市每万人新增发明专利授权量排行和比值变动

2023年，每万人新增发明专利授权量增长变化较大的前十城市分别是北京、深圳、苏州、无锡、广州、上海、成都、天津、合肥和济南。值得注意的是，深圳作为高校科研院所相对匮乏的国内主要城市，每万人新增发明专利授权量超过30件，跃居第2，仅次于北京，体现了深圳企业技术创新的强大活力。

2023年，36个金融中心城市全年新增发明专利授权量58.45万件，约占当年全国总量的63.5%。其中，数量较大的前十城市分别是北京、深圳、上海、广州、杭州、南京、苏州、成都、武汉和西安，全年新增发明专利授权量均超过了1.8万件（见图5.5.2）。值得注意的是，北京是国内城市中新增发明专利授权量率先实现总量过10万的城市，在全国城市中的领先幅度较上年进一步上升。

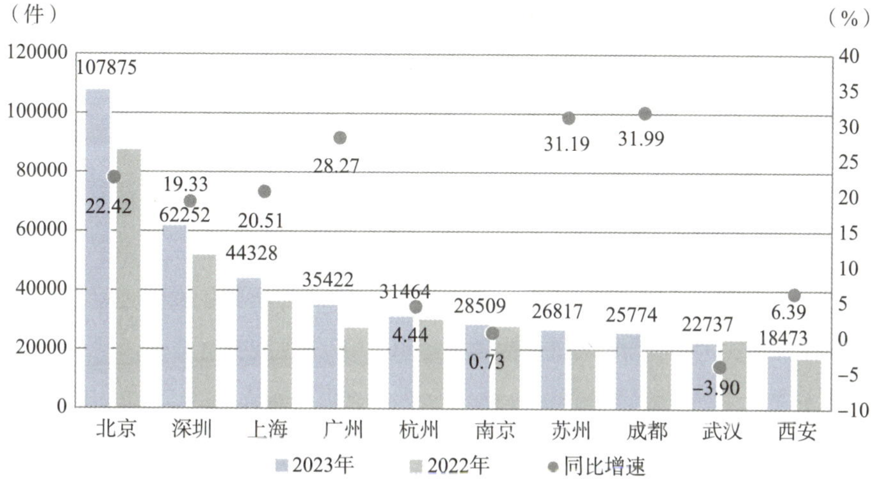

图5.5.2 2023年和2022年全年新增发明专利授权量前十城市和同比增速

2023年新增发明专利授权量前十城市中，9个城市保持了正增长，仅武汉出现了小幅减少。其中，成都、苏州、广州、北京、上海和深圳增幅显著，以将近20%或以上的速度保持增长。

第六章　科创金融政策景气度分析

科创金融政策景气水平是对地方政府部门构建科创金融政策体系及政策环境的整体评估，可以反映一段时间内地方政府出台各类科创金融政策的力度大小、覆盖范围及可获得性，以及政策性金融供给的效率和创新创业环境营造等情况。该分项评价指数由 8 项指标构成，其中 1 项客观指标是每百万人国家级创新载体数，7 项主观评分指标分别是科创金融政策支持力度、政府引导基金发展情况、获得政府性融资担保服务情况、科技保险渗透情况、综合金融服务平台发展情况、本地科创金融创新氛围和本地科创金融发展潜力。

6.1　科创金融政策综合支持力度调查分析

对 36 个金融中心城市本地科创型企业和金融中介机构的问卷调查统计显示，2024 年科创金融政策综合支持评估处于景气状态（评分高于 100）的共 36 个城市，其中评分相对较高的前十城市依次是上海、杭州、合肥、重庆、南宁、北京、天津、海口、济南和大连（见图 6.1.1）。

从当前科创金融支持政策较上年变化的评估结果来看，前十城市的受访对象对所在城市普遍持正面积极的态度，认为科创金融政策支持增加的占比全部超过 60%，只有不到 20%认为政策支持降低。与上年相比，上海、杭州超过 70%的受访对象认为科创金融政策支持增加，不到 10%认为政策支持降低（见图 6.1.2）。

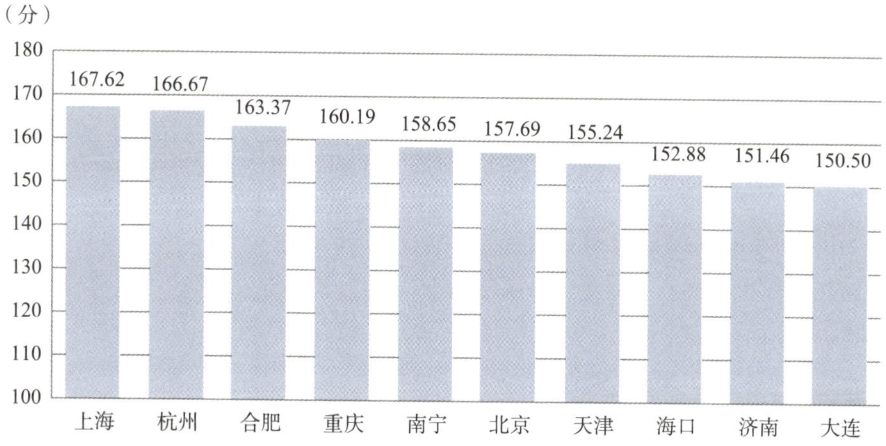

图 6.1.1　科创金融政策支持调查评分前十城市

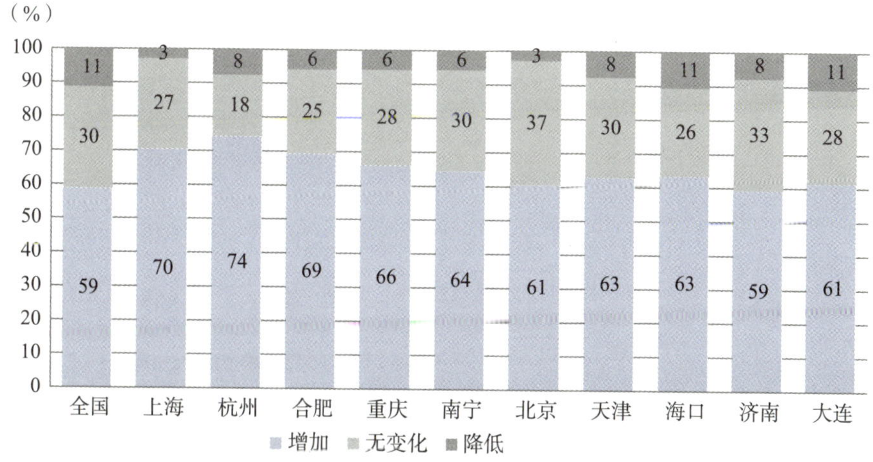

图 6.1.2　前十城市对科创金融政策支持情况的评价

值得注意的是，不同城市的受访科创型企业和金融中介机构对科创金融政策支持情况的评价存在较大差异。与上年相比，上海 63%的受访科创型企业认为政策支持增加，80%的受访金融中介机构认为政策支持增加；而北京 73%的受访科创型企业认为政策支持增加，仅 49%的受访金融中介机构认为政策支持增加。从整体受访情况来看，受访科创型企业对科创金融政策改善的感知度要普遍高于受访金融中介机构，表明政策宣贯传导仍有待提升（见图 6.1.3、图 6.1.4）。

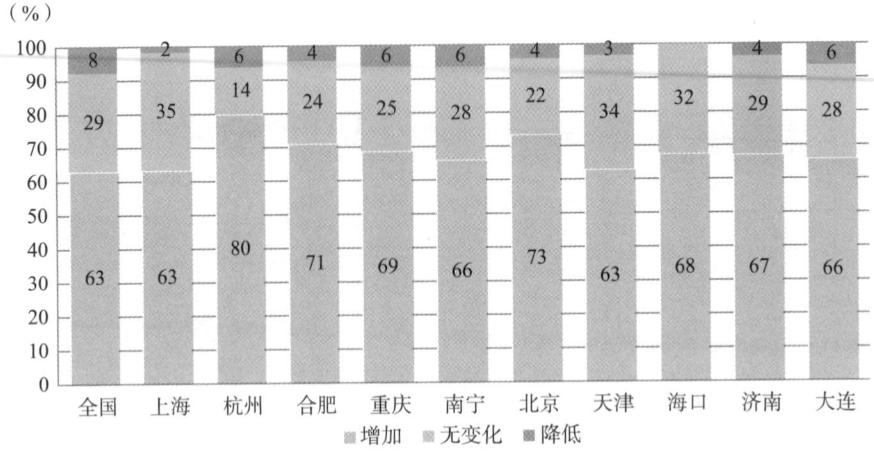

图 6.1.3 科创型企业对科创金融政策支持情况的评价

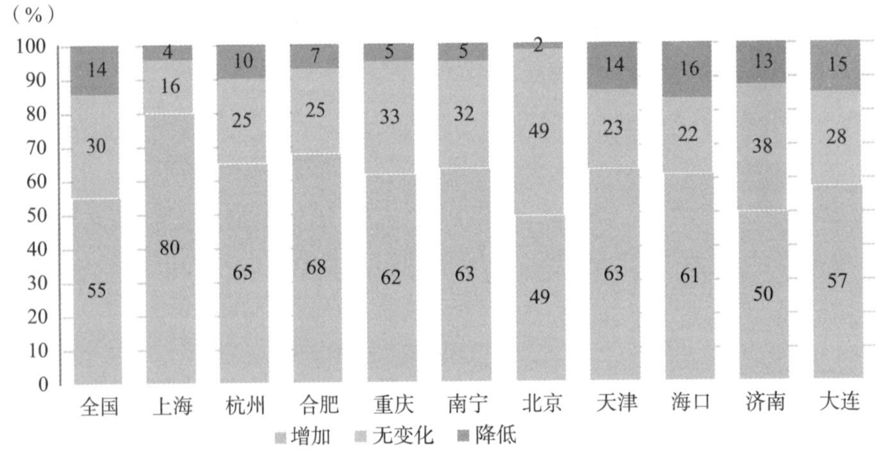

图 6.1.4 金融中介机构对科创金融政策支持情况的评价

6.2 政府引导基金发展调查分析

对 36 个金融中心城市本地金融机构的问卷调查统计显示，2024 年金融机构对政府引导基金发展评估处于景气状态（评分高于 100）的共 36 个城市，其中评分较高的前十城市依次是北京、济南、温州、上海、南京、昆明、太原、杭州、广州和大连（见图 6.2.1）。

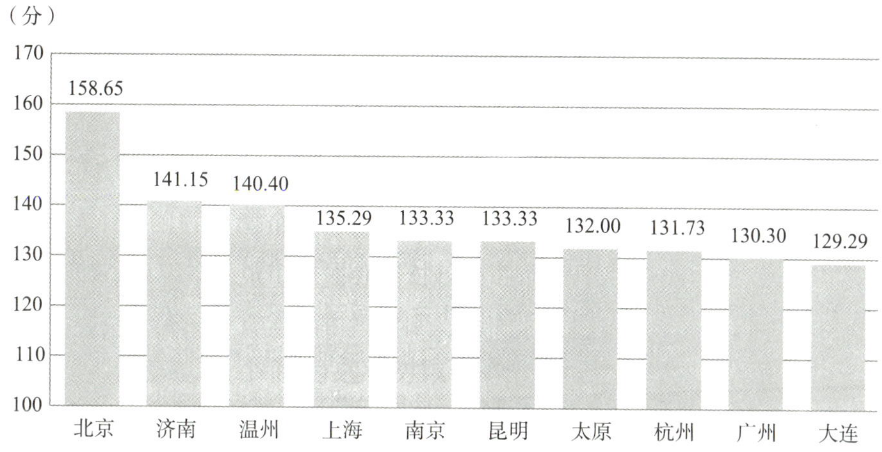

图 6.2.1　政府引导基金发展调查评分前十城市

从受访金融中介机构对本地政府引导基金发展的评估结果来看，排名前十城市的受访金融中介机构对所在城市普遍持正面积极的态度。与上年相比，北京、济南受访金融中介机构认为本地政府引导基金发展变好的占比最高，都在60%左右；温州、上海、南京、昆明、太原等城市受访金融中介机构认为本地政府引导基金发展变好的占比为40%~50%（见图6.2.2）。

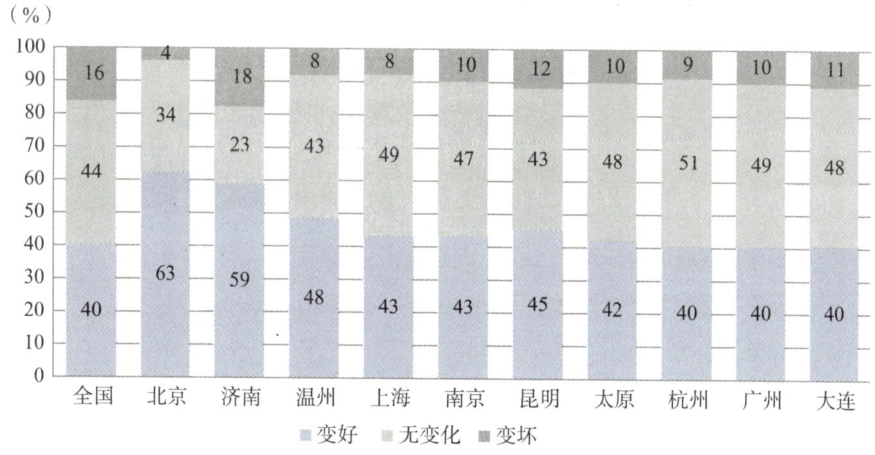

图 6.2.2　金融中介机构对本地政府引导基金发展情况的评价

从整体受访情况看，前十城市对本地政府引导基金的满意程度虽高于全国平均水平，但受访金融机构认为无变化的比例仍占多数。

6.3 政府性融资担保服务调查分析

对36个金融中心城市本地科创型企业及金融中介机构的问卷调查统计显示，2023年政府性融资担保机构发展评估处于景气状态（评分高于100）的共36个城市，其中评分较高的前十城市依次是北京、昆明、济南、广州、重庆、上海、杭州、深圳、西安和石家庄（见图6.3.1）。

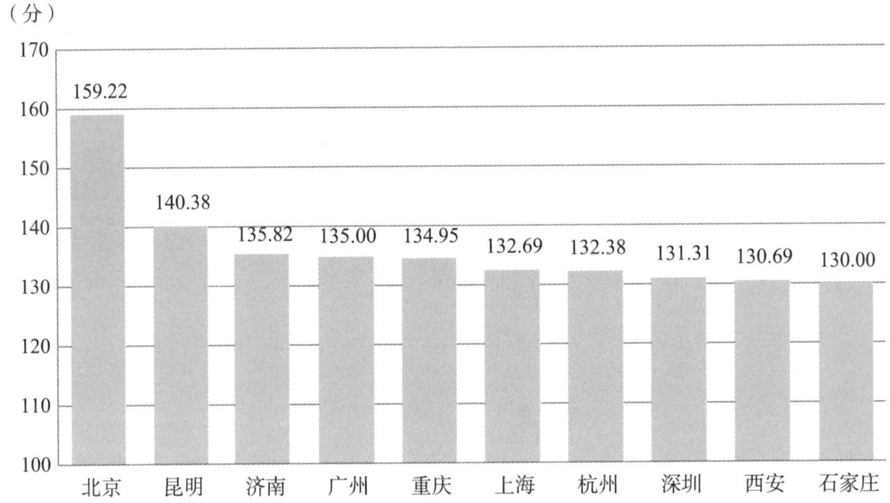

图6.3.1　政府性融资担保机构服务调查评分前十城市

从科创型企业对本地政府性融资担保服务的评估结果来看，前十城市的受访科创型企业对所在城市普遍持正面积极的态度。与上年相比，北京、深圳超过60%的受访科创型企业认为本地政府融资担保服务的支持有进一步增加（见图6.3.2）。

从金融中介机构对本地政府性融资担保服务的评估结果来看，前十城市的受访金融中介机构对所在城市评价呈现较大差异，认为本地政府性融资担保服务无变化的占多数。与上年相比，北京69%的受访金融中介机构认为本地政府融资担保服务变好，其他城市均低于50%（见图6.3.3）。

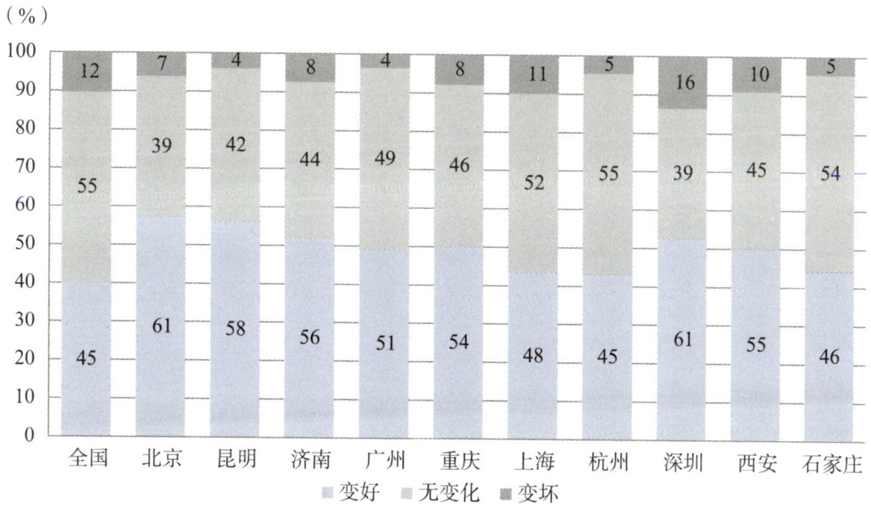

图 6.3.2 科创型企业对本地政府性融资担保服务的评价情况

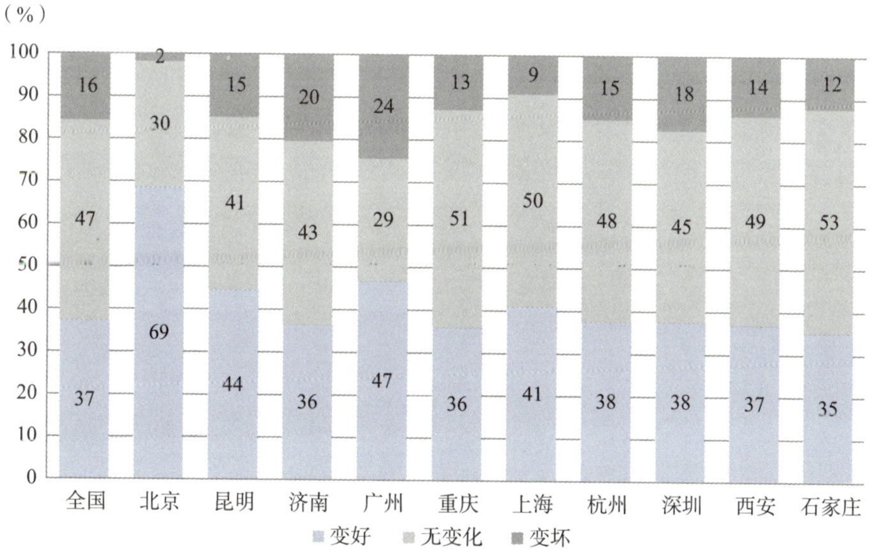

图 6.3.3 金融中介机构对本地政府性融资担保服务的评价情况

6.4 科技保险发展情况调查分析

对 36 个金融中心城市的问卷调查统计显示，2023 年科技保险渗透评估处于景气状态（评分高于100）的共36个城市，其中评分相对较高的前十城市依次是北京、合肥、杭州、青岛、海口、福州、兰州、重庆、石家庄和上海（见图6.4.1）。

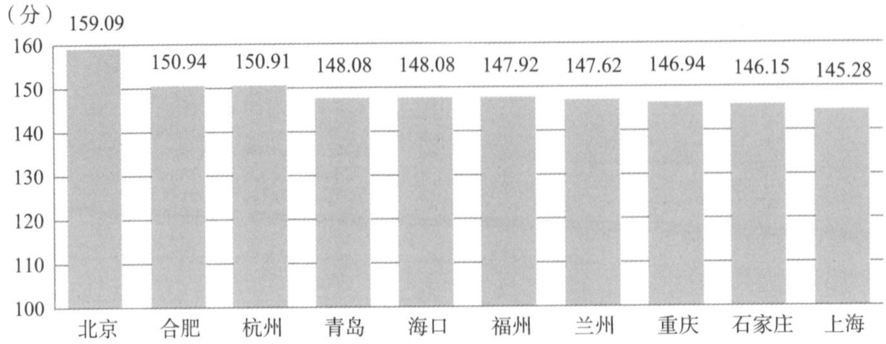

图6.4.1　科技保险业务发展调查评分前十城市

从科创型企业对本地科技保险发展的评估结果来看，前十城市的受访科创型企业对所在城市评价存在较大差异。与上年相比，福州、兰州超过80%的受访科创型企业认为本地科技保险发展变好，无变化的占比不超过20%。相较于其他城市，青岛、石家庄认为变好的占比相对较低，认为无变化的占比相对较高（见图6.4.2）。

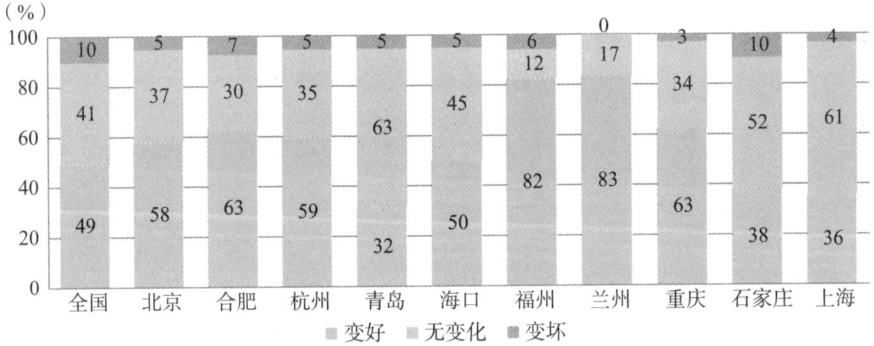

图6.4.2　科创型企业对本地科技保险发展的评价情况

从金融中介机构对本地科技保险发展的评估结果来看，前十城市的受访金融中介机构对所在城市评价也存在较大差异。与上年相比，青岛、上海、石家庄、北京超过58%的受访金融中介机构认为本地科技保险业务发展变好。

相较而言，重庆、杭州受访金融中介机构认为变好的占比相对较低，认为无变化的占比相对较高（见图6.4.3）。

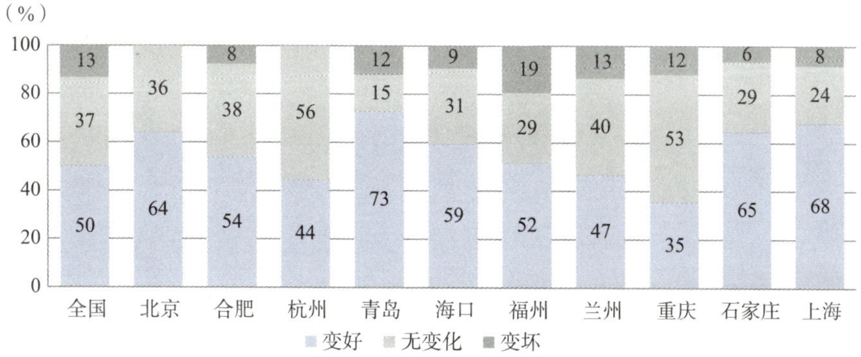

图6.4.3 金融中介机构对本地科技保险发展的评价情况

6.5 综合金融服务平台发展调查分析

对36个金融中心城市本地科创型企业与金融中介机构的问卷调查统计显示，2024年本地综合金融服务平台发展评估处于景气状态（评分高于100）的共36个城市，其中评分相对较高的前十城市依次是北京、济南、杭州、南京、重庆、无锡、合肥、广州、南宁和长春（见图6.5.1）。

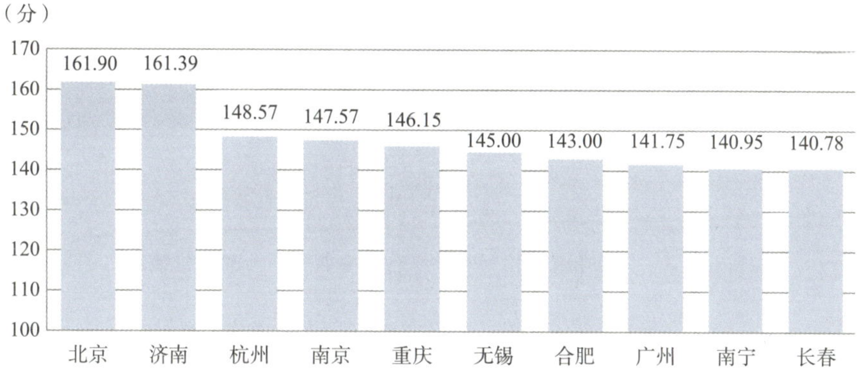

图6.5.1 综合金融服务平台发展调查评分前十城市

从科创型企业对本地综合金融服务平台的评估结果来看，前十城市的受访科创型企业对所在城市普遍持积极正面的态度。与上年相比，济南超过70%的受访科创型企业认为本地综合金融服务平台发展变好，另有杭州、南宁、无锡超过60%，其余城市均超过50%（见图6.5.2）。

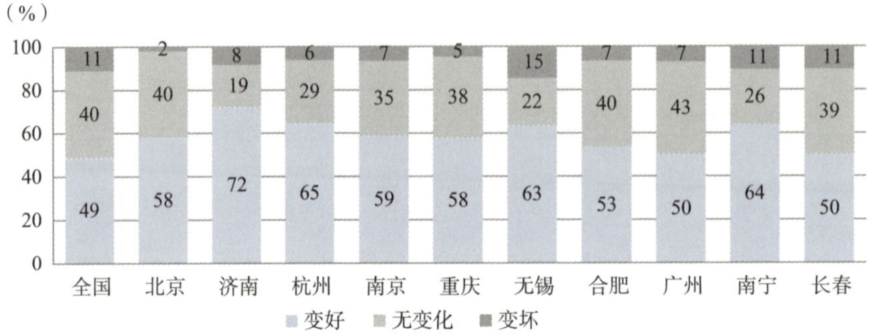

图6.5.2　科创型企业对本地综合金融服务平台的评价情况

从金融中介机构对本地综合金融服务平台的评估结果来看，前十城市的受访金融中介机构对所在城市评价存在较大差异。与上年相比，北京受访金融中介机构认为本地综合金融服务平台变好的比例最高，达到70%以上；合肥、重庆、杭州、南宁认为变好的占比相对较低，但认为变坏的占比均未到20%（见图6.5.3）。

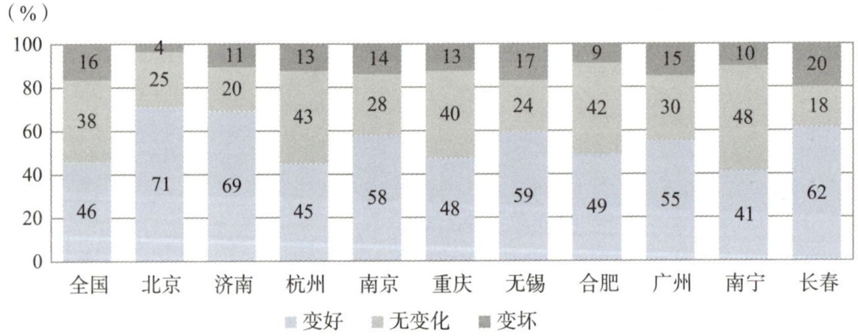

图6.5.3　金融中介机构对本地综合金融服务平台的评价情况

6.6　国家级创新载体发展情况分析

整体来看，2023年我国每百万人国家级创新载体数达到2.73家，与上一年基本持平。36 个金融中心城市中，大部分城市每百万人国家级创新载体数较上年实现提升，其中 6 个城市增加超过 2 家，另有 14 个城市增加超过 1 家，仅 2 个城市维持不变或略微降低。

2023 年，每百万人国家级创新载体数较多的前十城市依次是南京、苏州、杭州、北京、青岛、厦门、天津、深圳、武汉和乌鲁木齐。其中，南京、苏州每百万人国家级创新载体数超过 12 家，另有杭州、北京、青岛超过 11 家，厦门、天津超过 10 家（见图 6.6.1）。

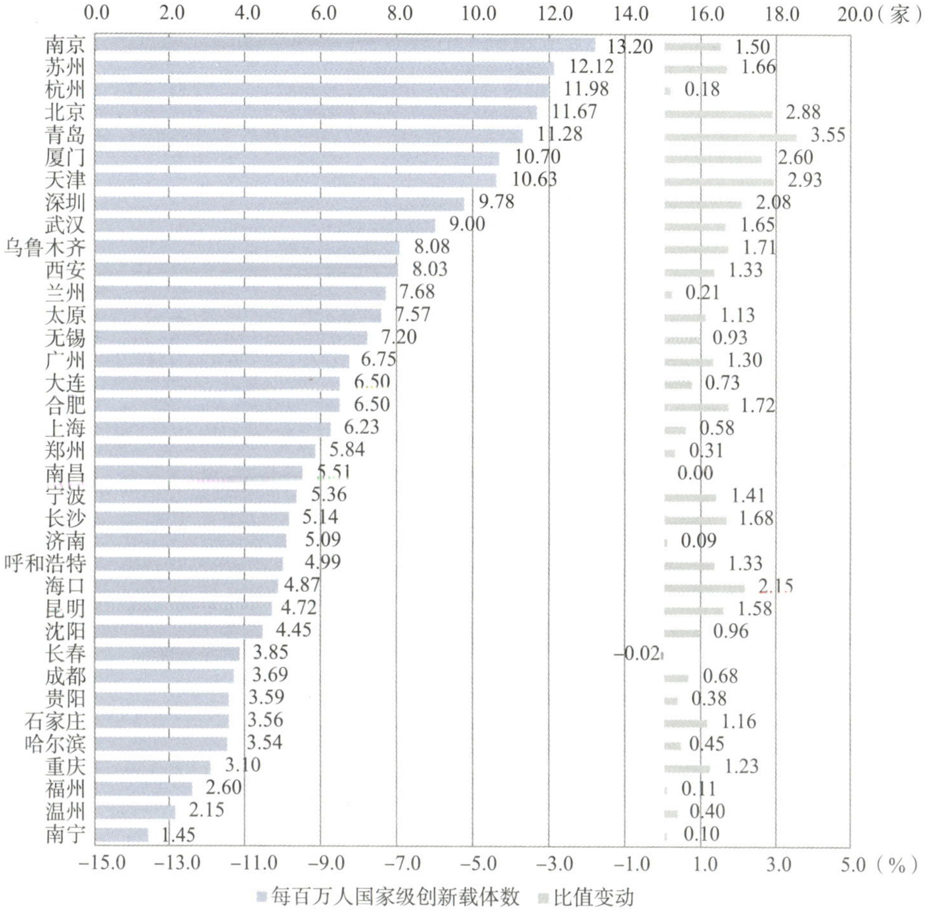

图 6.6.1 金融中心城市每百万人国家级创新载体数排行和比值变动

2023 年，全国国家级创新载体略有减少，总数达到 3854 家，其中国家级众创空间 2441 家，国家级科技孵化器 1413 家。36 个金融中心城市集中超过 70%的国家级创新载体，总数达到 2714 家，其中国家级众创空间 1764 家，国家级科技孵化器 950 家，占全国比重分别为 70. 42%、72. 27%和 67. 23%。

2023 年，36 个金融中心城市拥有国家级创新载体数均实现增长或保持不变。拥有国家级创新载体数量较多的前十城市分别是北京、深圳、苏州、上海、杭州、天津、广州、南京、武汉和青岛（见图 6. 6. 2）。其中，北京是唯一一个国家级创新载体数超过 200 家的城市，达到 255 家；另有深圳、苏州、上海、杭州 4 个城市国家级创新载体数在 150 家及以上，天津、广州、南京、武汉 4 个城市国家级创新载体数超过 120 家。

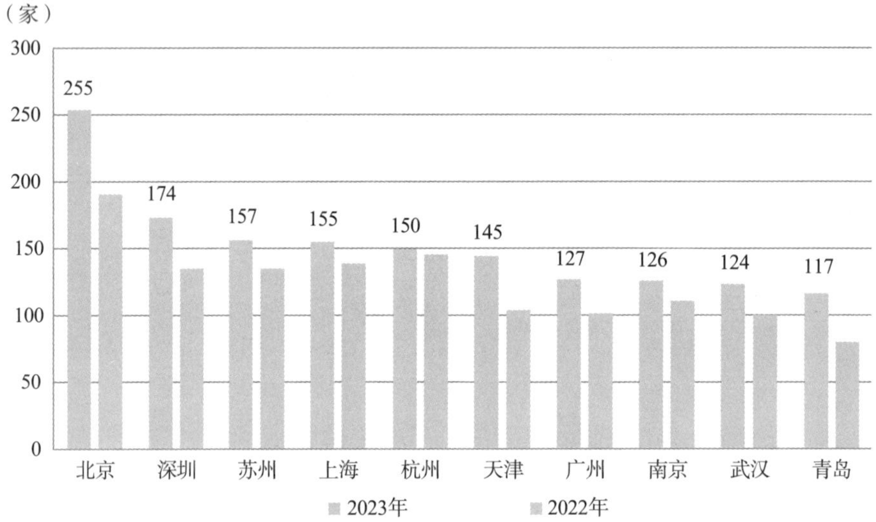

图 6. 6. 2　2023 年和 2022 年拥有国家级创新载体数前十城市

6. 7　科创金融创新氛围调查分析

对 36 个金融中心城市本地科创型企业与金融中介机构的问卷调查统计显示，2024 年地方科创金融创新氛围评估处于景气状态（评分高于 100）的共 36 个城市，其中评分相对较高的前十城市依次是北京、济南、兰州、天津、温州、石家庄、昆明、南京、上海和西安（见图 6. 7. 1）。

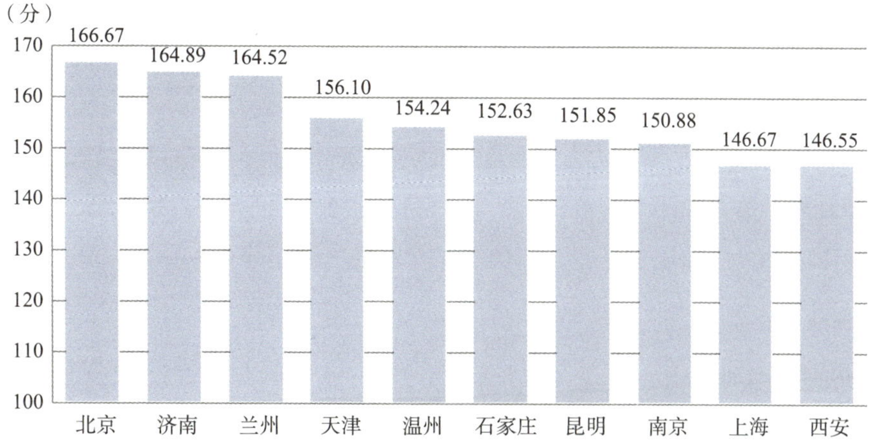

图 6.7.1　地方科创金融创新氛围调查评分前十城市

从科创型企业和金融中介机构对本地科创金融创新氛围的评估结果来看，前十城市的受访对象对所在城市普遍持积极正面的态度，认为相较上年变好的占比均高于50%。其中，北京、济南、兰州的受访对象对本地科创金融氛围评价相对较高，认为变好的比例在70%及以上，另有天津、温州、石家庄、南京4个城市在60%及以上（见图6.7.2）。

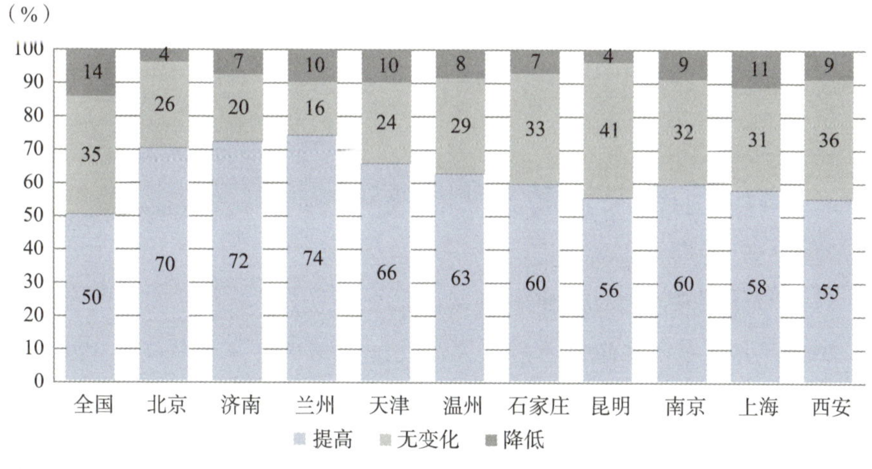

图 6.7.2　前十城市对本地科创企业金融创新氛围的评估情况

从金融中介机构的角度来看，影响各金融中心城市科创金融产品创新的因素各不相同，但选择专项配套政策支持不够的占比相对较高，均超过或接近 50%。除政策因素之外，济南、天津、温州、西安认为影响科创金融产品创新的主要因素是本地优质企业资源少，北京、兰州、昆明认为主要因素是专项金融产品服务不够，石家庄、南京认为主要因素是业务受上级部门约束大，上海认为主要因素是企业信用信息获取难（见图 6.7.3）。

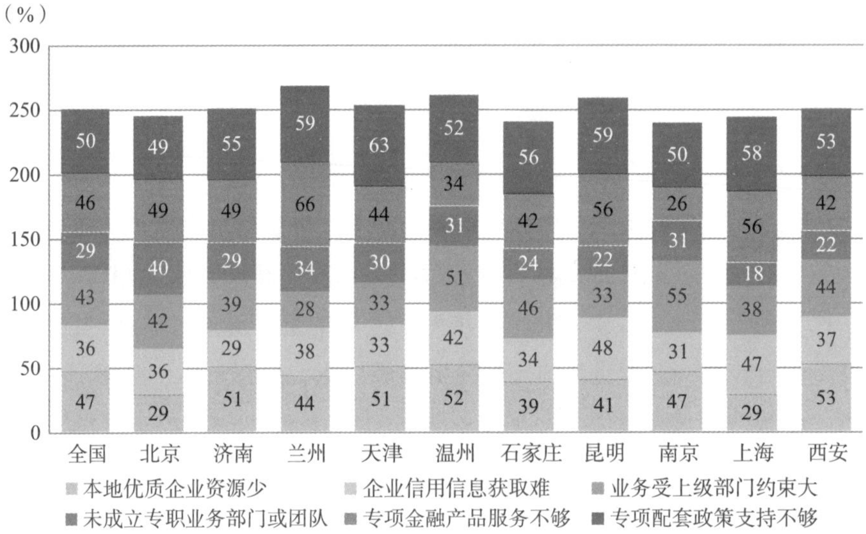

图 6.7.3　金融中介机构对科创金融产品创新的主要影响因素评估情况

6.8　科创金融未来潜力调查分析

对 36 个金融中心城市本地科创型企业与金融中介机构的问卷调查统计显示，2024 年地方科创金融创新潜力评估处于景气状态（评分高于 100）的共 36 个城市，其中评分相对最高的前十城市依次是上海、济南、北京、西安、石家庄、杭州、兰州、天津、哈尔滨和无锡（见图 6.8.1）。

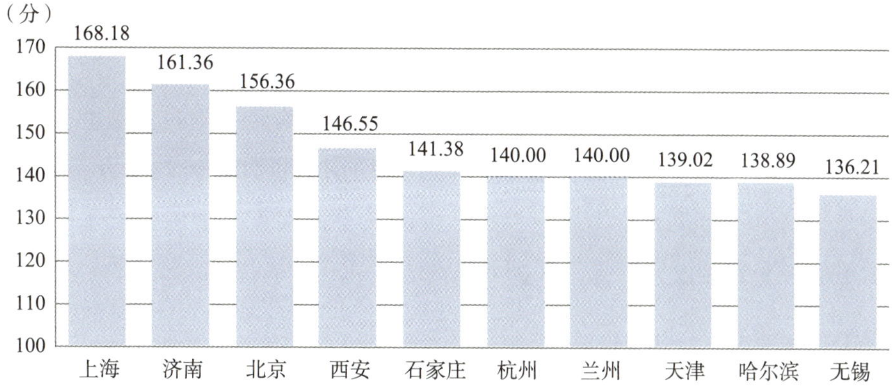

图 6.8.1　地方科创金融创新潜力调查评分前十城市

从科创型企业和金融中介机构对本地科创金融发展潜力的评估结果来看，前十城市的科创型企业和金融中介机构对所在城市评价普遍持积极正面的态度，仅个别城市认为相较上年降低，占比不足 50%。与上年相比，上海、济南超过 70%的受访对象认为本地科创金融发展潜力提升，另有北京、西安、杭州、哈尔滨超过 60%。这反映出多数金融中心城市认可政府在推动科创金融环境建设方面取得的成绩，对未来科创金融发展充满信心（见图 6.8.2）。

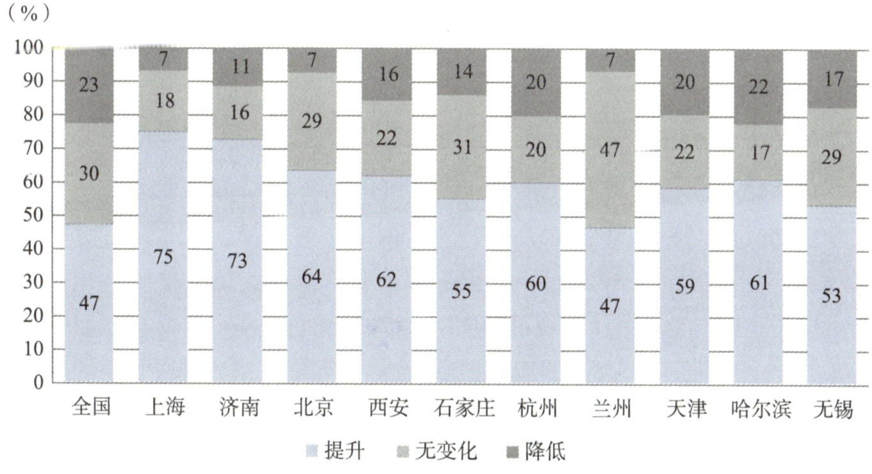

图 6.8.2　前十城市对本地科创金融发展潜力的评估情况

从科创型企业期望地方政府提供政策支持来看，不同金融中心城市的受访对象既有共性之处，也各有侧重点。例如，受访科创型企业普遍期待所在城市提高政府性融资担保支持，选择提高政府引导基金支持的比例也相对较高。除此之外，北京的受访科创型企业还特别期待扩大扶持政策宣传推广，西安是提高风险分担补偿力度，兰州是提高贴息贴保支持力度，哈尔滨是加强金融服务平台建设，等等（见图6.8.3）。

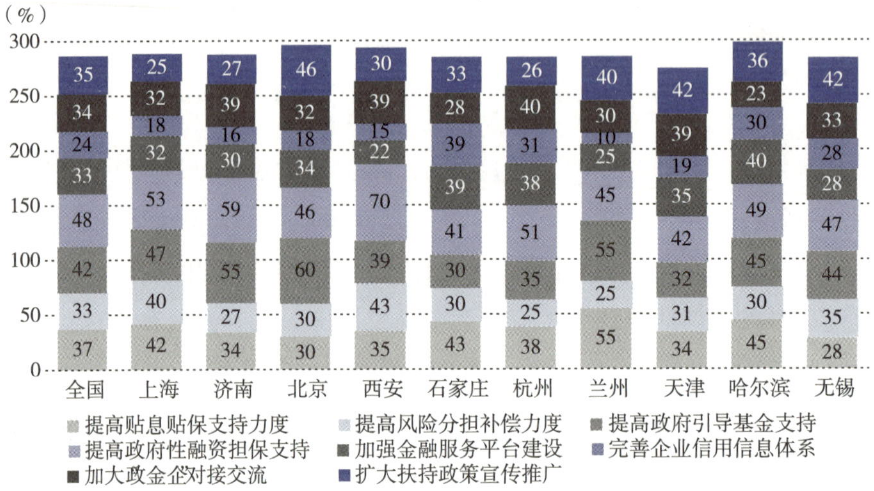

图 6.8.3　科创型企业期望地方政府提供政策支持情况

从金融中介机构期望地方政府提供政策支持来看，不同金融中心城市对政府政策支持期待相对均衡。其中，选择比例相对较高的是提高政府性融资担保和提高政府引导基金支持，与受访科创型企业选项一致。除此之外，北京的受访金融机构还特别期待加强金融服务平台建设和提高风险分担补偿力度，天津是加大“政金企”对接交流，杭州是提高贴息贴保力度，等等（见图6.8.4）。

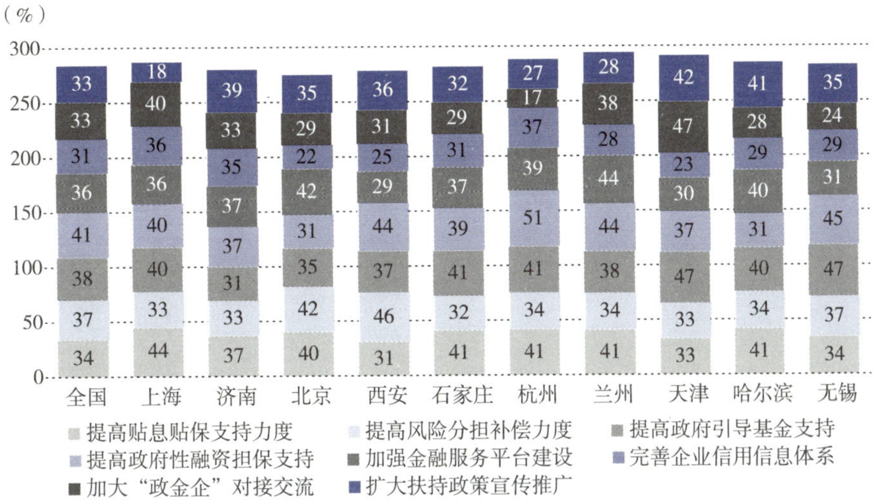

图 6.8.4　金融中介机构期望地方政府提供政策支持情况

第七章　二十强城市科创金融景气度画像

为跟踪研究各地科创金融最新发展情况，在本章中选取本期科创金融综合景气度排名前二十的城市进行全方位分析展示，以期为地方科创金融改革试验探索提供参考借鉴。

7.1　北京

北京科创金融景气度与36个金融中心城市均值水平比较如图7.1.1所示。

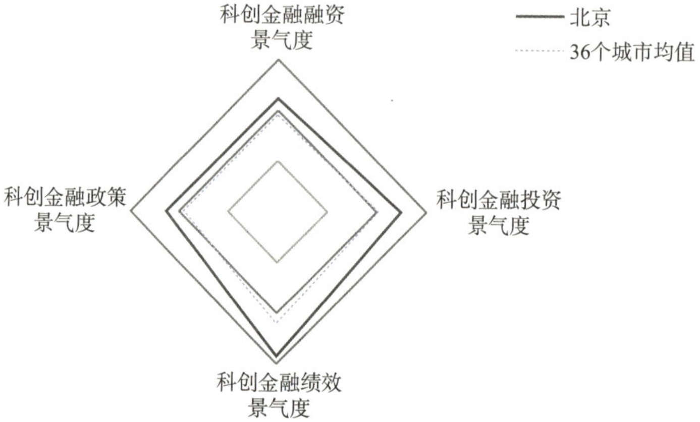

图7.1.1　北京科创金融景气度与36个金融中心城市均值水平比较

2023年北京地区生产总值43761亿元，位列36个金融中心城市第2。

2023 年金融业增加值 8663.1 亿元（在 36 个金融中心城市中排名第 1），较 2022 年同比增长 6.7%，占当年 GDP 的比重达到了 19.8%（在 36 个金融中心城市中排名第 1）。本期北京科创金融综合景气度指数 123.57，在 36 个金融中心城市中排名第 1，景气水平高于 100 中性值，科创金融发展总体处于相对较为景气的状态（见表 7.1.1）。

表 7.1.1　北京科创金融景气度分项排名情况

科创金融综合景气度构成	指数得分	指数排名	得分变化	排名变化
科创金融融资景气度	111.29	8	▲4.12	▼3
科创金融投资景气度	126.74	1	▲2.86	▲1
科创金融绩效景气度	142.91	1	▲8.43	—
科创金融政策景气度	113.32	1	▲5.08	▲6

从综合景气度评分构成来看，北京科创金融在各个方面都表现较好，均处于景气状态，其中科创金融投资景气度、绩效景气度和政策景气度较为突出，均在 36 个金融中心城市中排名第 1。金融融资景气度排名低于综合景气度排名，具有提升空间。

从具体指标构成来看，北京单位 GDP 科创型企业直接融资增量方面具有显著优势，达到了 1.08%，指标值排名同期第 2；全社会研发投入强度高于全国均值，约为国内均值的 2.2 倍，排名第 1；私募股权投资规模较大，私募股权投资规模与 GDP 之比为 1.54%，约是同期全国平均水平的 2.6 倍，指标值排名第 2；科技企业相关指标表现突出，整体呈现数量多、市值高、创新强的特点，2023 年单位 GDP 高新技术企业数达 0.63 家/亿元，单位 GDP 国家级专精特新“小巨人”企业数为 1.73 家/百亿元，单位 GDP 科创型企业上市数为 3.75 家/千亿元，单位 GDP 科创型企业总市值为 41.40%，单位人口 SCI 论文发表数为 94.44 篇/万人，单位人口新增发明专利授权量为 49.35 件/万人，分别排在 36 个金融中心城市第 5、第 4、第 2、第 3、第 1 和第 1；在政府引导基金发展情况、单位人口国家级创新载体数等方面也具有一定的比较优势。除此之外，其他相关指标基本略优于全国或同期 36 个金融中心城市平均水平

(见表 7. 1. 2)。

表 7. 1. 2 北京科创金融景气度主要指标排名

一级指标	二级指标	单位	年份	国内均值	北京	排名
融资景气度	普惠小微企业贷款余额占全行业的比重	%	2023	10. 69	8. 64	24
	单位 GDP 科创型企业直接融资增量	%	2023	0. 34	1. 08	2
	科创型企业当前融资便利度	分	2023	94. 22	95. 24	17
	科创型企业当前融资成本优化度	分	2023	93. 59	77. 14	35
	金融机构专项科创融资供给丰富度	分	2023	116. 22	149. 09	3
	科创型企业未来融资扩大意愿	分	2023	140. 09	170. 48	1
投资景气度	全社会研发投入强度	%	2023	3. 05	6. 83	1
	科创型企业研发扩大意愿	分	2023	159. 34	162. 00	16
	科创型企业投资扩大意愿	分	2023	117. 64	130. 00	11
	私募股权投资规模与 GDP 之比	%	2023	0. 59	1. 54	2
	私募股权投资需求扩张趋势	分	2023	130. 47	173. 81	1
	财政科技支出占比	%	2023	4. 49	5. 46	13
绩效景气度	本地科创产业发展基础评价	分	2023	155. 45	188. 57	1
	本地科创产业发展潜力评价	分	2023	172. 41	189. 52	1
	单位 GDP 高新技术企业数	家/亿元	2023	0. 42	0. 63	5
	单位 GDP 国家级专精特新“小巨人”企业数	家/百亿元	2023	1. 03	1. 73	4
	单位 GDP 科创型企业上市数	家/千亿元	2023	1. 22	3. 75	2
	单位 GDP 科创型企业总市值	%	2023	11. 62	41. 40	3
	单位人口 SCI 论文发表数	篇/万人	2023	27. 93	94. 44	1
	单位人口新增发明专利授权量	件/万人	2023	12. 13	49. 35	1
政策景气度	科创金融政策支持力度	分	2023	148. 13	157. 69	7
	政府引导基金发展情况	分	2023	124. 44	158. 65	1
	获得政府性融资担保服务情况	分	2023	125. 78	159. 22	1
	科技保险渗透情况	分	2023	136. 88	159. 09	1
	综合金融服务平台发展情况	分	2023	134. 19	161. 90	1
	单位人口国家级创新载体数	家/百万人	2023	6. 62	11. 67	4
	本地科创金融创新氛围	分	2023	138. 44	166. 67	1
	本地科创金融发展潜力	分	2023	126. 77	156. 36	3

7.2　上海

上海科创金融景气度与36个金融中心城市均值水平比较如图7.2.1所示。

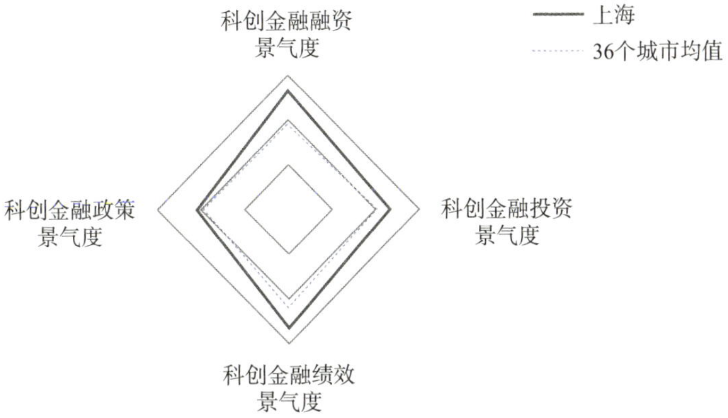

图7.2.1　上海科创金融景气度与36个金融中心城市均值水平比较

2023年上海地区生产总值47219亿元，位列36个金融中心城市第1。2023年金融业增加值8646.9亿元（在36个金融中心城市中排名第2），较2022年同比增长5.2%，占当年GDP的比重达到了18.3%（在36个金融中心城市中排名第2）。本期上海科创金融综合景气度指数121.55，在36个金融中心城市中排第2，景气水平高于100中性值，科创金融发展总体处于相对较景气的状态。

从综合景气度评分构成来看，上海科创金融在各分项景气度方面均表现较好，处于景气状态，其中融资景气度、投资景气度、绩效景气度均位于第3，政策景气度排名第2（见表7.2.1）。

表7.2.1　上海科创金融景气度分项排名情况

科创金融综合景气度构成	指数得分	指数排名	得分变化	排名变化
科创金融融资景气度	131.57	3	▲27.11	▲3
科创金融投资景气度	117.05	3	▲6.26	▲2

续表

科创金融综合景气度构成	指数得分	指数排名	得分变化	排名变化
科创金融绩效景气度	132.19	3	▲8.47	—
科创金融政策景气度	105.38	2	▲1.94	▲12

从具体指标构成来看，上海在单位 GDP 科创型企业直接融资增量表现突出，达到 1.51%，排在 36 个金融中心城市第 1 位；全社会研发投入强度较高，高出国内均值 1.35 个百分点，排名第 4；科创产业发展相对较好，基础和潜力评价都位于 36 个金融中心城市前列，分别在第 2 位和第 3 位；单位 GDP 科创型企业上市数和总市值均具有相对优势，分别排在第 5 位和第 2 位；研究创新成果丰富，2023 年平均每万人发表 SCI 论文达到了 40.30 篇，平均每万人新增发明专利授权量达到了 17.82 件，分别排第 6 位和第 7 位；在科创金融政策支持力度、政府引导基金发展情况和科创金融发展潜力评价等方面具有一定比较优势。除此之外，在科创型企业投资扩大意愿、单位人口国家级创新载体数等方面与上海金融中心城市地位不匹配（见表 7.2.2）。

表 7.2.2 上海科创金融景气度主要指标排名

一级指标	二级指标	单位	年份	国内均值	上海	排名
融资景气度	普惠小微企业贷款余额占全部比重	%	2023	10.69	9.83	14
	单位 GDP 科创型企业直接融资增量	%	2023	0.34	1.51	1
	科创型企业当前融资便利度	分	2023	94.22	114.85	1
	科创型企业当前融资成本优化水平	分	2023	93.59	98.06	12
	金融机构专项科创融资供给情况	分	2023	116.22	164.44	1
	科创型企业未来融资扩大意愿	分	2023	140.09	165.38	2
投资景气度	全社会研发投入强度	%	2023	3.05	4.40	4
	科创型企业研发扩大意愿	分	2023	159.34	170.00	4
	科创型企业投资扩大意愿	分	2023	117.64	103.33	30
	私募股权投资规模与 GDP 之比	%	2023	0.59	0.83	12
	私募股权投资需求扩张趋势	分	2023	130.47	138.46	10
	财政科技支出占比	%	2023	4.49	5.48	12

续表

一级指标	二级指标	单位	年份	国内均值	上海	排名
绩效景气度	本地科创产业发展基础评价	分	2023	155.45	184.76	2
	本地科创产业发展潜力评价	分	2023	172.41	185.71	3
	单位 GDP 高新技术企业数	家/亿元	2023	0.42	0.47	13
	单位 GDP 国家级专精特新“小巨人”企业数	家/百亿元	2023	1.03	1.38	11
	单位 GDP 科创型企业上市数	家/千亿元	2023	1.22	2.90	5
	单位 GDP 科创型企业总市值	%	2023	11.62	42.74	2
	单位人口 SCI 论文发表数	篇/万人	2023	27.93	40.30	6
	单位人口新增发明专利授权量	件/万人	2023	12.13	17.82	7
政策景气度	科创金融政策支持力度	分	2023	148.13	167.62	2
	政府引导基金发展情况	分	2023	124.44	135.29	4
	获得政府性融资担保服务情况	分	2023	125.78	132.69	6
	科技保险渗透情况	分	2023	136.88	145.28	11
	综合金融服务平台发展情况	分	2023	134.19	139.22	13
	单位人口国家级创新载体数	家/百万人	2023	6.62	6.23	18
	本地科创金融创新氛围	分	2023	138.44	146.67	9
	本地科创金融发展潜力	分	2023	126.77	168.18	1

7.3　杭州

杭州科创金融景气度与36个金融中心城市均值水平比较如图7.3.1所示。

2023年杭州地区生产总值20059亿元，位列36个金融中心城市第8。2023年金融业增加值2490亿元（在36个金融中心城市中排名第8），较2022年同比增长7.7%，占当年GDP的比重达到了12.4%（在36个金融中心城市中排名第11）。本期杭州科创金融综合景气度指数118.51，在36个金融中心城市中排名第3，景气水平大幅高于100中性值，科创金融发展总体处于相对较景气的状态。

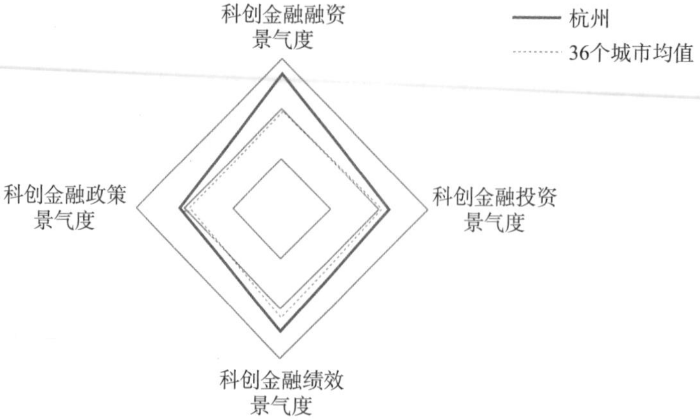

图 7.3.1 杭州科创金融景气度与36个金融中心城市均值水平比较

从综合景气度评分构成来看，杭州科创金融在各分项景气度方面均表现较好，处于景气状态，其中融资景气度、投资景气度、绩效景气度和政策景气度分别排名第2、第6、第4和第4，各项景气度均位列36个金融中心城市前列（见表7.3.1）。

表 7.3.1 杭州科创金融景气度分项排名情况

科创金融综合景气度构成	指数得分	指数排名	得分变化	排名变化
科创金融融资景气度	134.88	2	▲22.35	—
科创金融投资景气度	111.07	6	▲4.55	—
科创金融绩效景气度	123.03	4	▲4.34	—
科创金融政策景气度	105.04	4	▼5.22	▲1

从具体指标构成来看，杭州在普惠小微企业贷款余额比重、单位GDP科创型企业直接融资增量方面分别达到17.17%和0.72%，均优于同期36个金融中心城市平均水平，指标值分别排名第5和第6，说明杭州科创融资供给情况整体尚佳；全社会研发投入强度达到了3.90%，超过国内均值0.85个百分点，排名第7；私募股权投资规模与GDP之比超过国内均值0.54个百分点，排在第8位；财政科技支出占比较高，达到了9.22%，排在第3位；本地科创产业发展基础和发展潜力较好，评价得分分别为165.09分和182.08分，均

排在36个金融中心城市第4位；在科创型企业发展和技术创新方面表现较好，单位GDP高新技术企业数、单位GDP国家级专精特新“小巨人”企业数、单位GDP科创型企业上市数、单位人口SCI论文发表数、单位人口新增发明专利授权量等均位于36个金融中心城市前5；在综合金融服务平台发展、单位人口国家级创新载体数等方面也具有明显优势，均排在第3位。除此之外，在科创型企业未来融资扩大意愿、科创型企业研发扩大意愿和私募股权投资需求扩张趋势相关指标方面低于平均水平（见表7.3.2）。

表7.3.2　杭州科创金融景气度主要指标排名

一级指标	二级指标	单位	年份	国内均值	杭州	排名
融资景气度	普惠小微企业贷款余额占全部比重	%	2023	10.69	17.17	5
	单位GDP科创型企业直接融资增量	%	2023	0.34	0.72	6
	科创型企业当前融资便利度	分	2023	94.22	101.94	6
	科创型企业当前融资成本优化水平	分	2023	93.59	108.65	3
	金融机构专项科创融资供给情况	分	2023	116.22	148.78	4
	科创型企业未来融资扩大意愿	分	2023	140.09	137.14	22
投资景气度	全社会研发投入强度	%	2023	3.05	3.90	7
	科创型企业研发扩大意愿	分	2023	159.34	158.46	21
	科创型企业投资扩大意愿	分	2023	117.64	132.31	8
	私募股权投资规模与GDP之比	%	2023	0.59	1.13	8
	私募股权投资需求扩张趋势	分	2023	130.47	129.63	20
	财政科技支出占比	%	2023	4.49	9.22	3
绩效景气度	本地科创产业发展基础评价	分	2023	155.45	165.09	4
	本地科创产业发展潜力评价	分	2023	172.41	182.08	4
	单位GDP高新技术企业数	家/亿元	2023	0.42	0.64	4
	单位GDP国家级专精特新“小巨人”企业数	家/百亿元	2023	1.03	1.61	5
	单位GDP科创型企业上市数	家/千亿元	2023	1.22	3.14	4
	单位GDP科创型企业总市值	%	2023	11.62	20.91	6
	单位人口SCI论文发表数	篇/万人	2023	27.93	44.39	4
	单位人口新增发明专利授权量	件/万人	2023	12.13	25.13	4

续表

一级指标	二级指标	单位	年份	国内均值	杭州	排名
政策景气度	科创金融政策支持力度	分	2023	148.13	166.67	3
	政府引导基金发展情况	分	2023	124.44	131.73	8
	获得政府性融资担保服务情况	分	2023	125.78	132.38	7
	科技保险渗透情况	分	2023	136.88	150.91	3
	综合金融服务平台发展情况	分	2023	134.19	148.57	3
	单位人口国家级创新载体数	家/百万人	2023	6.62	11.98	3
	本地科创金融创新氛围	分	2023	138.44	141.46	13
	本地科创金融发展潜力	分	2023	126.77	140.00	6

7.4 深圳

深圳科创金融景气度与36个金融中心城市均值水平比较如图7.4.1所示。

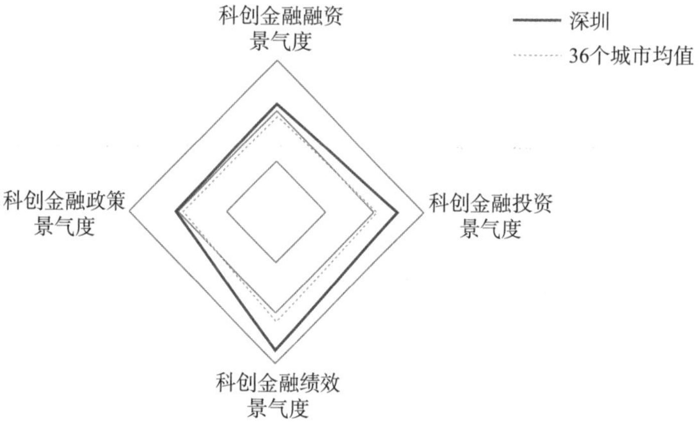

图7.4.1　深圳科创金融景气度与36个金融中心城市均值水平比较

2023年深圳地区生产总值34606亿元，位列36个金融中心城市第3。2023年金融业增加值5253.5亿元（在36个金融中心城市中排名第3），较2022年同比增长5.8%，占当年GDP的比重达到了15.2%（在36个金融中心城市中排名第4)。本期深圳科创金融综合景气度指数117.69，在36个金融中心城市中排名第4，景气水平大幅高于100中性值，科创金融发展总体处于较为景气的状态。

从综合景气度评分构成来看，深圳科创金融在投资景气度和绩效景气度方面表现较好，均排在36个金融中心城市第2，融资景气度和政策景气度高于100中性值，分别排在第11位和第7位（见表7.4.1）。

表7.4.1　深圳科创金融景气度分项排名情况

科创金融综合景气度构成	指数得分	指数排名	得分变化	排名变化
科创金融融资景气度	107.45	11	▼1.42	▼8
科创金融投资景气度	123.09	2	▼6.34	▼1
科创金融绩效景气度	137.55	2	▲4.58	—
科创金融政策景气度	102.69	7	▼8.94	▼6

从具体指标构成来看，深圳在普惠小微企业贷款方面表现较好，比重达到了18.34%，排在第3位；单位GDP科创型企业直接融资增量达到了0.97%，位居第4；全社会研发投入强度达到5.81%，位居第2；科创型企业研发扩大意愿和科创型企业投资扩大意愿分别位居第1和第2，表明整个社会进行科技创新的意愿较强；私募股权投资规模占GDP的比重达1.20%，位居第7；财政科技支出占比达7.26%，超出全国平均水平2.77个百分点，位列第6；在企业经营绩效方面，单位GDP高新技术企业数达到了0.67家/亿元，排名第2，单位GDP国家级专精特新“小巨人”企业数达到了2.11家/百亿元，排名第1，单位GDP科创型企业上市数达到了4.28家/千亿元，排名第1，单位GDP科创型企业总市值达到了53.04%，同样位居第1，体现出深圳科创型企业发展呈良好态势；在单位人口新增发明专利授权量、单位人口国家级创新载体数等方面也具有明显优势。不过，在金融机构专项科创融资供给情况、私募股权投资需求扩张趋势、科创金融政策支持力度、政府引导基金发展情况、科技保险渗透情况等方面有待进一步加强（见表7.4.2）。

表 7.4.2　深圳科创金融景气度主要指标排名

一级指标	二级指标	单位	年份	国内均值	深圳	排名
融资景气度	普惠小微企业贷款余额占全部比重	%	2023	10.69	18.34	3
	单位 GDP 科创型企业直接融资增量	%	2023	0.34	0.97	4
	科创型企业当前融资便利度	分	2023	94.22	96.08	15
	科创型企业当前融资成本优化水平	分	2023	93.59	93.14	18
	金融机构专项科创融资供给情况	分	2023	116.22	100.00	28
	科创型企业未来融资扩大意愿	分	2023	140.09	140.95	16
投资景气度	全社会研发投入强度	%	2023	3.05	5.81	2
	科创型企业研发扩大意愿	分	2023	159.34	172.13	1
	科创型企业投资扩大意愿	分	2023	117.64	140.98	2
	私募股权投资规模与 GDP 之比	%	2023	0.59	1.20	7
	私募股权投资需求扩张趋势	分	2023	130.47	106.45	34
	财政科技支出占比	%	2023	4.49	7.26	6
绩效景气度	本地科创产业发展基础评价	分	2023	155.45	160.00	8
	本地科创产业发展潜力评价	分	2023	172.41	181.90	5
	单位 GDP 高新技术企业数	家/亿元	2023	0.42	0.67	2
	单位 GDP 国家级专精特新“小巨人”企业数	家/百亿元	2023	1.03	2.11	1
	单位 GDP 科创型企业上市数	家/千亿元	2023	1.22	4.28	1
	单位 GDP 科创型企业总市值	%	2023	11.62	53.04	1
	单位人口 SCI 论文发表数	篇/万人	2023	27.93	24.48	19
	单位人口新增发明专利授权量	件/万人	2023	12.13	34.99	2
政策景气度	科创金融政策支持力度	分	2023	148.13	138.10	32
	政府引导基金发展情况	分	2023	124.44	122.12	24
	获得政府性融资担保服务情况	分	2023	125.78	131.31	8
	科技保险渗透情况	分	2023	136.88	125.71	31
	综合金融服务平台发展情况	分	2023	134.19	138.61	15
	单位人口国家级创新载体数	家/百万人	2023	6.62	9.78	8
	本地科创金融创新氛围	分	2023	138.44	139.53	17
	本地科创金融发展潜力	分	2023	126.77	110.00	30

7.5　南京

南京科创金融景气度与 36 个金融中心城市均值水平比较如图 7.5.1 所示。

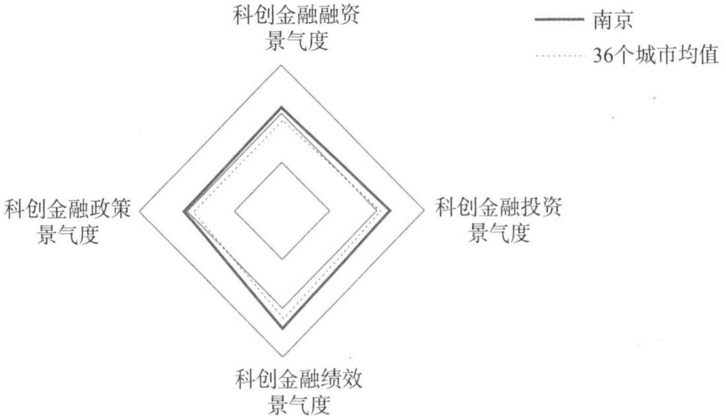

图 7.5.1　南京科创金融景气度与 36 个金融中心城市均值水平比较

2023 年南京地区生产总值 17421 亿元，2023 年金融业增加值 2425.75 亿元（在 36 个金融中心城市中排名第 9），占当年 GDP 的比重达到了 13.92%（在 36 个金融中心城市中排名第 5）。本期南京科创金融综合景气度指数 111.9，在 36 个金融中心城市中排名第 5，景气水平高于 100 中性值，科创金融发展总体处于相对景气的状态。

从综合景气度评分构成来看，南京科创金融在投资景气度、绩效景气度和政策景气度上排名较优，均处于景气状态，分别在 36 个金融中心城市中排名第 4、第 6 和第 5。值得注意的是，融资景气度虽高于 100 中性值，达到 107.11 分，但与其他分项得分排名差距较大，仅位列第 12，融资支持力度有待加强（见表 7.5.1）。

表 7.5.1 南京科创金融景气度分项排名情况

科创金融综合景气度构成	指数得分	指数排名	得分变化	排名变化
科创金融融资景气度	107.11	12	▲13.02	▼2
科创金融投资景气度	115.27	4	▼1.78	▼1
科创金融绩效景气度	120.64	6	▲5.66	—
科创金融政策景气度	104.59	5	▼6.02	▼3

从具体指标构成来看，南京在科创型企业融资成本方面具有优势，优于国内平均水平，指标值排在36个金融中心城市第6位，但融资便利度低于全国平均水平，仅位列第22；科创型企业未来融资扩大意愿较强，评分排在同期第17；投资意愿较为强烈，科创型企业投资扩大意愿排在第4位，但研发扩大意愿较低，仅位列第19；科创产业发展具备较优基础，评价得分位列36个金融中心城市第7；研究能力强劲，每万人SCI论文发表数达83.29篇，每万人新增发明专利授权数达29.86件，分别位列第2和第3；在单位人口国家级创新载体数、综合金融服务平台发展情况和政府引导基金发展评估等方面也具有明显优势，分别位列第1、第4和第5。但本期南京部分关联性指标出现评价背离情况，如融资成本优化水平和融资供给情况、科创型企业研发扩大意愿与投资扩大意愿，以及科创金融创新氛围和科创金融发展潜力（见表7.5.2）。

表 7.5.2 南京科创金融景气度主要指标排名

一级指标	二级指标	单位	年份	国内均值	南京	排名
融资景气度	普惠小微企业贷款余额占全部比重	%	2023	10.73	10.01	13
	单位GDP科创型企业直接融资增量	%	2023	0.34	0.40	12
	科创型企业当前融资便利度	分	2023	94.22	91.35	22
	科创型企业当前融资成本优化水平	分	2023	93.59	103.88	6
	金融机构专项科创融资供给情况	分	2023	116.22	124.14	12
	科创型企业未来融资扩大意愿	分	2023	140.09	138.83	17

续表

一级指标	二级指标	单位	年份	国内均值	南京	排名
投资景气度	全社会研发投入强度	%	2023	3.05	3.82	8
	科创型企业研发扩大意愿	分	2023	159.34	159.57	19
	科创型企业投资扩大意愿	分	2023	117.64	136.17	4
	私募股权投资规模与 GDP 之比	%	2023	0.59	1.32	5
	私募股权投资需求扩张趋势	分	2023	130.47	127.03	24
	财政科技支出占比	%	2023	4.49	6.12	8
绩效景气度	本地科创产业发展基础评价	分	2023	155.45	162.86	7
	本地科创产业发展潜力评价	分	2023	172.41	174.29	15
	单位 GDP 高新技术企业数	家/亿元	2023	0.42	0.53	9
	单位 GDP 国家级专精特新“小巨人”企业数	家/百亿元	2023	1.03	1.17	15
	单位 GDP 科创型企业上市数	家/千亿元	2023	1.22	1.84	7
	单位 GDP 科创型企业总市值	%	2023	11.62	12.09	14
	单位人口 SCI 论文发表数	篇/万人	2023	27.93	83.29	2
	单位人口新增发明专利授权量	件/万人	2023	12.13	29.86	3
政策景气度	科创金融政策支持力度	分	2023	148.13	150.48	12
	政府引导基金发展情况	分	2023	124.44	133.33	5
	获得政府性融资担保服务情况	分	2023	125.78	127.72	11
	科技保险渗透情况	分	2023	136.88	132.69	24
	综合金融服务平台发展情况	分	2023	134.19	147.57	4
	单位人口国家级创新载体数	家/百万人	2023	6.62	13.20	1
	本地科创金融创新氛围	分	2023	138.44	150.88	8
	本地科创金融发展潜力	分	2023	126.77	122.22	19

7.6　苏州

苏州科创金融景气度与 36 个金融中心城市均值水平比较如图 7.6.1 所示。

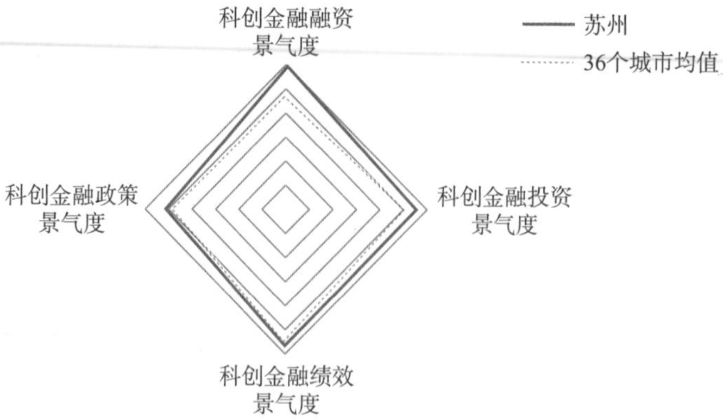

图 7.6.1　苏州科创金融景气度与 36 个金融中心城市均值水平比较

2023 年苏州地区生产总值 24653 亿元，2023 年金融业增加值 2497.70 亿元（在 36 个金融中心城市中排名第 7），占当年 GDP 的比重达到了 10.13%（在 36 个金融中心城市中排名第 20）。本期苏州科创金融综合景气度指数 111.45，在 36 个金融中心城市中排名第 6，景气水平大幅高于 100 中性值，科创金融发展总体处于相对景气的状态。

从综合景气度评分构成来看，苏州科创金融在各分项景气度方面表现较好，均处于景气状态，各分项得分均位列全国前十，分项之间排名相差不大，各方面发展较为活跃且均衡（见表 7.6.1）。

表 7.6.1　苏州科创金融景气度分项排名情况

科创金融综合景气度构成	指数得分	指数排名	得分变化	排名变化
科创金融融资景气度	118.39	6	▲1.35	▼5
科创金融投资景气度	112.91	5	▲1.09	▼1
科创金融绩效景气度	112.73	10	▲6.18	▲1
科创金融政策景气度	101.75	9	▼8.70	▼6

从具体指标构成来看，苏州在科创型企业当前融资便利度和融资成本优化方面稍显落后，融资便利度和融资成本优化水平评分低于全国平均，分别位列全国第 23 和第 19，可能与其辖区内科创型企业对融资有较高期望有关；

苏州的单位 GDP 科创型企业直接融资增量大幅高于全国平均，位列全国第 3；全社会研发投入强度和科创型企业研发扩大意愿均较高，均高于全国平均水平及均位列第 5；但科创型企业投资扩大意愿较低，不过仍有私募股权投资规模较大作为补充，与 GDP 之比达到 1.52%，大幅高于全国平均水平，位列全国第 3；财政科技支出占比较高，达到了 10.30%，高出国内均值两倍以上，位列全国第 2；科创型企业培育出色，单位 GDP 上市科创型企业数和总市值，分别为 3.16 家/千亿元和 26.70%，分别位列全国第 3 和第 4；科创产业发展潜力评价较低，仅位列全国第 22，其辖内每万人仅发表 SCI 论文 13.52 篇，仅有全国平均水平的一半，位列全国第 29；在国家级创新载体上苏州也具有较强优势，每百万人拥有国家级创新载体 12.12 家，约为全国平均水平的 2 倍，位列全国第 2；但在科创金融政策支持力度、政府引导基金发展评估和综合金融服务平台发展情况等方面仍需加强（见表 7.6.2）。

表 7.6.2　苏州科创金融景气度主要指标排名

一级指标	二级指标	单位	年份	国内均值	苏州	排名
融资景气度	普惠小微企业贷款余额占全部比重	%	2023	10.69	10.48	11
	单位 GDP 科创型企业直接融资增量	%	2023	0.34	1.05	3
	科创型企业当前融资便利度	分	2023	94.22	90.48	23
	科创型企业当前融资成本优化水平	分	2023	93.59	93.07	19
	金融机构专项科创融资供给情况	分	2023	116.22	124.14	12
	科创型企业未来融资扩大意愿	分	2023	140.09	124.51	34
投资景气度	全社会研发投入强度	%	2023	3.05	4.10	5
	科创型企业研发扩大意愿	分	2023	159.34	168.09	5
	科创型企业投资扩大意愿	分	2023	117.64	108.51	26
	私募股权投资规模与 GDP 之比	%	2023	0.59	1.52	3
	私募股权投资需求扩张趋势	分	2023	130.47	130.43	17
	财政科技支出占比	%	2023	4.49	10.30	2

续表

一级指标	二级指标	单位	年份	国内均值	苏州	排名
绩效景气度	本地科创产业发展基础评价	分	2023	155.45	156.19	11
	本地科创产业发展潜力评价	分	2023	172.41	168.57	22
	单位 GDP 高新技术企业数	家/亿元	2023	0.42	0.55	7
	单位 GDP 国家级专精特新“小巨人”企业数	家/百亿元	2023	1.03	1.59	6
	单位 GDP 科创型企业上市数	家/千亿元	2023	1.22	3.16	3
	单位 GDP 科创型企业总市值	%	2023	11.62	26.70	4
	单位人口 SCI 论文发表数	篇/万人	2023	27.93	13.52	29
	单位人口新增发明专利授权量	件/万人	2023	12.13	20.70	5
政策景气度	科创金融政策支持力度	分	2023	148.13	147.06	20
	政府引导基金发展情况	分	2023	124.44	118.00	27
	获得政府性融资担保服务情况	分	2023	125.78	124.24	18
	科技保险渗透情况	分	2023	136.88	140.00	15
	综合金融服务平台发展情况	分	2023	134.19	125.49	31
	单位人口国家级创新载体数	家/百万人	2023	6.62	12.12	2
	本地科创金融创新氛围	分	2023	138.44	140.35	16
	本地科创金融发展潜力	分	2023	126.77	120.75	22

7.7 西安

西安科创金融景气度与 36 个金融中心城市均值水平比较如图 7.7.1 所示。

2023 年西安地区生产总值 12011 亿元，2023 年金融业增加值 1291.2 亿元（在 36 个金融中心城市中排名第 16），占当年 GDP 的比重达到了 10.75%（在 36 个金融中心城市中排名第 16）。本期西安科创金融综合景气度指数 110.80，在 36 个金融中心城市中排名第 7，景气水平高于 100 中性值，科创金融发展总体处于相对景气的状态。

从综合景气度评分构成来看，西安四个分项得分均处于景气状态，表现较好，分别在 36 个金融中心城市中排第 7 位、第 11 位、第 5 位和第 6 位，仅有投资景气度排名相对较差，但仍优于全国平均水平（102.29 分）（见表 7.7.1）。

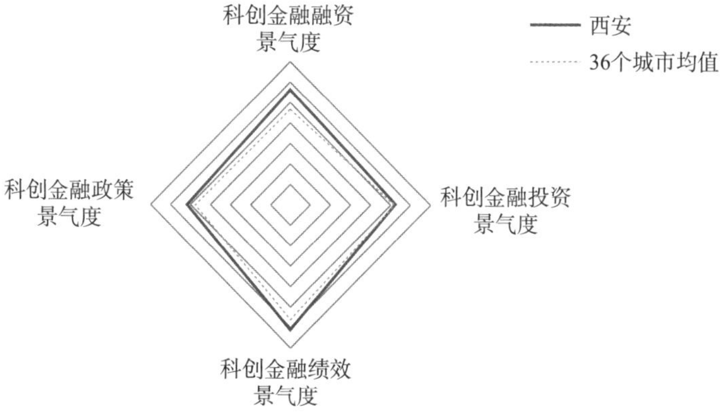

图 7.7.1　西安科创金融景气度与 36 个金融中心城市均值水平比较

表 7.7.1　西安科创金融景气度分项排名情况

科创金融综合景气度构成	指数得分	指数排名	得分变化	排名变化
科创金融融资景气度	113.41	7	▲23.76	▲7
科创金融投资景气度	103.75	11	▼1.51	▼2
科创金融绩效景气度	122.46	5	▲7.38	—
科创金融政策景气度	103.58	6	▲1.82	▲12

从具体指标构成来看，西安在金融机构专项科创融资供给方面具有比较优势，指标值优于同期 36 个金融中心城市平均水平，排第 6 位；科创企业未来融资扩大意愿较强，位列全国第 4；全社会研发投入强度较高，达到了 5.23%，超过国内均值 2.18 个百分点，排在第 3 位；科创型企业研发扩大意愿和投资扩大意愿均高于国内均值水平，分别排在第 12 位和第 5 位；每亿元 GDP 高新技术企业数有 0.82 家，高于国内均值水平 0.42 家，位列全国第 1；科创型企业培育较好，每千亿元 GDP 科创型企业上市数为 1.75 家，总市值占 GDP 的比重达 18.31%，分别排第 8 位和第 7 位；在每万人 SCI 论文发表数和政府性融资担保服务等方面也具有较强优势。但在科创型企业当前融资成本优化水平和普惠小微企业贷款发放等重点领域仍有较大提升空间，分项指标

或得分分别位列全国第 32 和第 30（见表 7.7.2）。

表 7.7.2　西安科创金融景气度主要指标排名

一级指标	二级指标	单位	年份	国内均值	西安	排名
融资景气度	普惠小微企业贷款余额占全部比重	%	2023	10.69	6.83	30
	单位 GDP 科创型企业直接融资增量	%	2023	0.34	0.83	5
	科创型企业当前融资便利度	分	2023	94.22	98.00	11
	科创型企业当前融资成本优化水平	分	2023	93.59	83.50	32
	金融机构专项科创融资供给情况	分	2023	116.22	132.20	6
	科创型企业未来融资扩大意愿	分	2023	140.09	152.43	4
投资景气度	全社会研发投入强度	%	2023	3.05	5.23	3
	科创型企业研发扩大意愿	分	2023	159.34	163.04	12
	科创型企业投资扩大意愿	分	2023	117.64	134.78	5
	私募股权投资规模与 GDP 之比	%	2023	0.59	0.30	19
	私募股权投资需求扩张趋势	分	2023	130.47	137.14	12
	财政科技支出占比	%	2023	4.49	3.73	19
绩效景气度	本地科创产业发展基础评价	分	2023	155.45	156.19	11
	本地科创产业发展潜力评价	分	2023	172.41	171.43	19
	单位 GDP 高新技术企业数	家/亿元	2023	0.42	0.82	1
	单位 GDP 国家级专精特新“小巨人”企业数	家/百亿元	2023	1.03	1.02	18
	单位 GDP 科创型企业上市数	家/千亿元	2023	1.22	1.75	8
	单位 GDP 科创型企业总市值	%	2023	11.62	18.31	7
	单位人口 SCI 论文发表数	篇/万人	2023	27.93	42.67	5
	单位人口新增发明专利授权量	件/万人	2023	12.13	14.13	13
政策景气度	科创金融政策支持力度	分	2023	148.13	149.04	16
	政府引导基金发展情况	分	2023	124.44	129.29	10
	获得政府性融资担保服务情况	分	2023	125.78	130.69	9
	科技保险渗透情况	分	2023	136.88	143.90	13
	综合金融服务平台发展情况	分	2023	134.19	136.89	16
	单位人口国家级创新载体数	家/百万人	2023	6.62	8.03	11
	本地科创金融创新氛围	分	2023	138.44	146.55	10
	本地科创金融发展潜力	分	2023	126.77	146.55	4

7.8 广州

广州科创金融景气度与36个金融中心城市均值水平比较如图7.8.1所示。

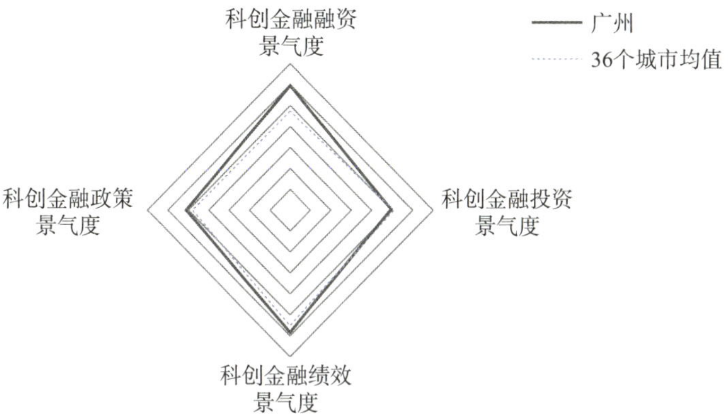

图7.8.1 广州科创金融景气度与36个金融中心城市均值水平比较

2023年广州地区生产总值30356亿元，2023年金融业增加值2736.7亿元（在36个金融中心城市中排名第4），占当年GDP的比重达到了9.02%（在36个金融中心城市中排名第25）。本期广州科创金融综合景气度指数110.02，在36个金融中心城市中排名第8，景气水平高于100中性值，科创金融发展总体处于相对景气的状态。

从综合景气度评分构成来看，广州四个分项景气度表现均较好（高于100中性值），处于景气状态，其中融资景气度、绩效景气度和政策景气度分别排第5位、第8位和第8位。在本期评价中投资景气度略高于100中性值，为100.11分，位列全国第13（见表7.8.1）。

表7.8.1 广州科创金融景气度分项排名情况

科创金融综合景气度构成	指数得分	指数排名	得分变化	排名变化
科创金融融资景气度	120.87	5	▲23.85	▲4
科创金融投资景气度	100.11	13	▼1.51	▲2

续表

科创金融综合景气度构成	指数得分	指数排名	得分变化	排名变化
科创金融绩效景气度	117.07	8	▲7.70	▲1
科创金融政策景气度	102.01	8	▼5.98	—

从具体指标构成来看，广州在科创型企业当前融资便利度方面表现突出，评分显著高于国内均值，排在36个金融中心城市第3位；财政科技支出占比达到6.64%，优于全国平均水平，位列第7；科创产业发展基础评价和发展潜力评价较好，评分高于国内均值水平，分别排在第3位和第2位；得益于辖内设有各类优质高校，研究创新成果丰富，2023年平均每万人发表SCI论文35.79篇，每万人拥有新增发明专利授权量18.81件，分别位列全国第8和第6；政府引导基金、政府性融资担保服务和综合金融服务平台发展情况较优，得分均高于全国平均水平，分别达到130.30分、135.00分和141.75分，位列全国第9、第4和第8。广州整体评价指标皆处于中上水平，仅有8项指标低于全国平均水平，其中私募股权投资需求扩张趋势得分较差，仅有109.38分，大幅低于全国平均得分21.09分，位列全国第33（见表7.8.2）。

表7.8.2 广州科创金融景气度主要指标排名

一级指标	二级指标	单位	年份	国内均值	广州	排名
融资景气度	普惠小微企业贷款余额占全部比重	%	2023	10.69	11.12	9
	单位GDP科创型企业直接融资增量	%	2023	0.34	0.24	18
	科创型企业当前融资便利度	分	2023	94.22	108.82	3
	科创型企业当前融资成本优化水平	分	2023	93.59	99.05	10
	金融机构专项科创融资供给情况	分	2023	116.22	129.17	8
	科创型企业未来融资扩大意愿	分	2023	140.09	141.90	14
投资景气度	全社会研发投入强度	%	2023	3.05	3.43	11
	科创型企业研发扩大意愿	分	2023	159.34	163.79	10
	科创型企业投资扩大意愿	分	2023	117.64	118.97	17
	私募股权投资规模与GDP之比	%	2023	0.59	0.83	13
	私募股权投资需求扩张趋势	分	2023	130.47	109.38	33
	财政科技支出占比	%	2023	4.49	6.64	7

续表

一级指标	二级指标	单位	年份	国内均值	广州	排名
绩效景气度	本地科创产业发展基础评价	分	2023	155.45	173.58	3
	本地科创产业发展潜力评价	分	2023	172.41	188.68	2
	单位 GDP 高新技术企业数	家/亿元	2023	0.42	0.41	21
	单位 GDP 国家级专精特新“小巨人”企业数	家/百亿元	2023	1.03	0.76	25
	单位 GDP 科创型企业上市数	家/千亿元	2023	1.22	1.42	13
	单位 GDP 科创型企业总市值	%	2023	11.62	8.31	17
	单位人口 SCI 论文发表数	篇/万人	2023	27.93	35.79	8
	单位人口新增发明专利授权量	件/万人	2023	12.13	18.81	6
政策景气度	科创金融政策支持力度	分	2023	148.13	144.66	23
	政府引导基金发展情况	分	2023	124.44	130.30	9
	获得政府性融资担保服务情况	分	2023	125.78	135.00	4
	科技保险渗透情况	分	2023	136.88	136.00	18
	综合金融服务平台发展情况	分	2023	134.19	141.75	8
	单位人口国家级创新载体数	家/百万人	2023	6.62	6.75	15
	本地科创金融创新氛围	分	2023	138.44	135.42	22
	本地科创金融发展潜力	分	2023	126.77	136.17	11

7.9　无锡

无锡科创金融景气度与 36 个金融中心城市均值水平比较如图 7.9.1 所示。

2023 年无锡地区生产总值 15456.19 亿元，2023 年金融业增加值 1390 亿元（在 36 个金融中心城市中排名第 14），占当年 GDP 的比重达到了 8.99%（在 36 个金融中心城市中排名第 26）。本期无锡科创金融综合景气度指数 109.22，在 36 个金融中心城市中排名第 9，景气水平高于 100 中性值，科创金融发展总体处于景气的状态。

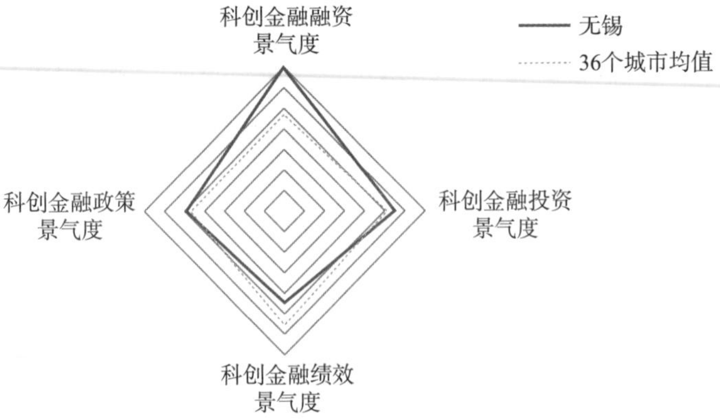

图 7.9.1　无锡科创金融景气度与 36 个金融中心城市均值水平比较

从综合景气度评分构成来看，无锡科创金融在融资景气度和投资景气度方面表现较好，均处于景气状态，分别排名第 1 和第 7。不过，绩效景气度和政策景气度低于 100 中性值，处于不景气状态，其中绩效景气度为 88.72 分，距离 100 中性值存在一定差距，分项排名位列全国第 22（见表 7.9.1）。

表 7.9.1　无锡科创金融景气度分项排名情况

科创金融综合景气度构成	指数得分	指数排名	得分变化	排名变化
科创金融融资景气度	139.79	1	▲31.04	▲3
科创金融投资景气度	110.33	7	▲4.19	▲1
科创金融绩效景气度	88.72	22	▲4.77	—
科创金融政策景气度	98.03	17	▼2.07	▲5

从具体指标构成来看，无锡在普惠小微企业贷款方面表现较好，高于国内均值接近 4 个百分点，位列全国第 7；科创型企业直接融资增量高于全国平均水平约一倍，达到 0.63%，位列全国第 8；私募股权投资规模与 GDP 之比和私募股权投资需求扩张趋势表现突出，分别位列第 4 和第 7，其中私募股权投资规模与 GDP 之比达到 1.44%，高出全国平均水平约 3 倍；单位 GDP 国家级专精特新“小巨人”企业数、单位 GDP 科创型企业总市值和每万人拥有新增发明专利授权量均有亮眼表现，分别达到 1.50 家/百亿元、21.28% 和

15.64 件，高于全国同期平均水平，分别位列全国第 9、第 5 和第 9；综合金融服务平台发展情况较优，得分达到 145 分，位列全国第 6。在每万人 SCI 论文发表数、获得政府性融资担保服务情况和科技保险渗透情况方面仍需加强，分别位列全国第 33、第 26 和第 28。其他相关指标与全国或同期 36 个金融中心城市平均水平持平（见表 7.9.2）。

表 7.9.2　无锡科创金融景气度主要指标排名

一级指标	二级指标	单位	年份	国内均值	无锡	排名
融资景气度	普惠小微企业贷款余额占全部比重	%	2023	10.69	14.52	7
	单位 GDP 科创型企业直接融资增量	%	2023	0.34	0.63	8
	科创型企业当前融资便利度	分	2023	94.22	97.09	12
	科创型企业当前融资成本优化水平	分	2023	93.59	97.03	14
	金融机构专项科创融资供给情况	分	2023	116.22	111.29	21
	科创型企业未来融资扩大意愿	分	2023	140.09	144.23	11
投资景气度	全社会研发投入强度	%	2023	3.05	3.40	12
	科创型企业研发扩大意愿	分	2023	159.34	160.47	17
	科创型企业投资扩大意愿	分	2023	117.64	127.91	12
	私募股权投资规模与 GDP 之比	%	2023	0.59	1.44	4
	私募股权投资需求扩张趋势	分	2023	130.47	141.38	7
	财政科技支出占比	%	2023	4.49	5.03	16
绩效景气度	本地科创产业发展基础评价	分	2023	155.45	153.33	20
	本地科创产业发展潜力评价	分	2023	172.41	170.48	21
	单位 GDP 高新技术企业数	家/亿元	2023	0.42	0.36	24
	单位 GDP 国家级专精特新“小巨人”企业数	家/百亿元	2023	1.03	1.50	9
	单位 GDP 科创型企业上市数	家/千亿元	2023	1.22	1.55	11
	单位 GDP 科创型企业总市值	%	2023	11.62	21.28	5
	单位人口 SCI 论文发表数	篇/万人	2023	27.93	11.66	33
	单位人口新增发明专利授权量	件/万人	2023	12.13	15.64	9

续表

一级指标	二级指标	单位	年份	国内均值	无锡	排名
政策景气度	科创金融政策支持力度	分	2023	148.13	145.63	21
	政府引导基金发展情况	分	2023	124.44	125.77	15
	获得政府性融资担保服务情况	分	2023	125.78	121.36	26
	科技保险渗透情况	分	2023	136.88	126.32	28
	综合金融服务平台发展情况	分	2023	134.19	145.00	6
	单位人口国家级创新载体数	家/百万人	2023	6.62	7.20	14
	本地科创金融创新氛围	分	2023	138.44	136.07	19
	本地科创金融发展潜力	分	2023	126.77	136.21	10

7.10 济南

济南科创金融景气度与36个金融中心城市均值水平比较如图7.10.1所示。

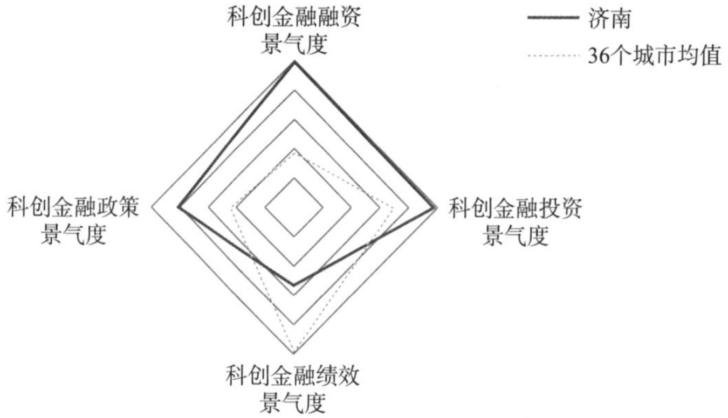

图7.10.1 济南科创金融景气度与36个金融中心城市均值水平比较

2023年济南地区生产总值12757亿元，2023年金融业增加值1081.7亿元（在36个金融中心城市中排名第18），占当年GDP的比重达到了8.5%（在36个金融中心城市中排名第20）。本期济南科创金融综合景气度指数105.71，在36个金融中心城市中排名第10，景气水平小幅高于100中性值，科创金融发展总体处于相对景气的状态。

从综合景气度评分构成来看，济南科创金融在融资景气度、投资景气度和政策景气度方面表现较好，超过100中性值处于景气状态，其中融资景气度排名第10、投资景气度排名第8、政策景气度排名高达第3。相对来说，绩效景气度表现中规中矩，略低于100中性值，还有较大提升空间（见表7.10.1）。

表7.10.1　济南科创金融景气度分项排名情况

科创金融综合景气度构成	指数得分	指数排名	得分变化	排名变化
科创金融融资景气度	109.97	10	▲8.87	▼2
科创金融投资景气度	109.27	8	▲4.09	▲2
科创金融绩效景气度	98.21	15	▲5.29	▲2
科创金融政策景气度	105.37	3	▼4.92	▲1

从具体指标构成来看，济南面向科创型企业的融资情况表现较好，在科创型企业当前融资便利度、科创型企业当前融资成本优化水平、金融机构专项科创融资供给情况、科创型企业未来融资扩大意愿等方面具有比较优势，均优于同期36个金融中心城市平均水平，指标值分别排第2位、第4位、第5位和第3位。同时，政策景气度表现十分突出，具体而言，作为全国科创金融改革创新试验区，政府针对科创型企业配套相对充足，济南科创金融政策支持力度指标排全国第9位，政府引导基金发展情况排全国第2位，获得政府性融资担保服务情况排全国第3位，综合金融服务平台发展情况排全国第2位。科创金融创新氛围和科创金融发展潜力较好，均排在第2位，说明成立科创金融改革试验区给济南科创金融氛围带来了积极正向的作用。不过，在普惠小微企业贷款、私募股权投资活跃度、企业研发扩大意愿、国家级创新载体建设等方面，济南还需要进一步加强（见表7.10.2）。

表 7.10.2　济南科创金融景气度主要指标排名

一级指标	二级指标	单位	年份	国内均值	济南	排名
融资景气度	普惠小微企业贷款余额占全部比重	%	2023	10.69	8.49	26
	单位 GDP 科创型企业直接融资增量	%	2023	0.34	0.16	20
	科创型企业当前融资便利度	分	2023	94.22	113.40	2
	科创型企业当前融资成本优化水平	分	2023	93.59	108.12	4
	金融机构专项科创融资供给情况	分	2023	116.22	143.27	5
	科创型企业未来融资扩大意愿	分	2023	140.09	159.05	3
投资景气度	全社会研发投入强度	%	2023	3.05	2.72	21
	科创型企业研发扩大意愿	分	2023	159.34	157.14	24
	科创型企业投资扩大意愿	分	2023	117.64	123.21	15
	私募股权投资规模与 GDP 之比	%	2023	0.59	0.27	20
	私募股权投资需求扩张趋势	分	2023	130.47	125.81	26
	财政科技支出占比	%	2023	4.49	3.41	20
绩效景气度	本地科创产业发展基础评价	分	2023	155.45	173.14	4
	本地科创产业发展潜力评价	分	2023	172.41	183.62	4
	单位 GDP 高新技术企业数	家/亿元	2023	0.42	0.45	15
	单位 GDP 国家级专精特新“小巨人”企业数	家/百亿元	2023	1.03	1.03	17
	单位 GDP 科创型企业上市数	家/千亿元	2023	1.22	1.18	16
	单位 GDP 科创型企业总市值	%	2023	11.62	7.91	18
	单位人口 SCI 论文发表数	篇/万人	2023	27.93	35.38	9
	单位人口新增发明专利授权量	件/万人	2023	12.13	14.41	12
政策景气度	科创金融政策支持力度	分	2023	148.13	151.46	9
	政府引导基金发展情况	分	2023	124.44	141.15	2
	获得政府性融资担保服务情况	分	2023	125.78	135.82	3
	科技保险渗透情况	分	2023	136.88	137.70	17
	综合金融服务平台发展情况	分	2023	134.19	161.39	2
	单位人口国家级创新载体数	家/百万人	2023	6.62	5.09	23
	本地科创金融创新氛围	分	2023	138.44	164.89	2
	本地科创金融发展潜力	分	2023	126.77	161.36	2

7.11　宁波

宁波科创金融景气度与36个金融中心城市均值水平比较如图7.11.1所示。

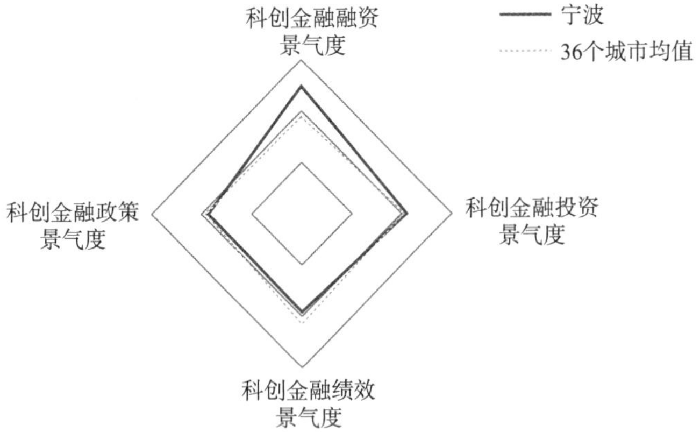

图7.11.1　宁波科创金融景气度与36个金融中心城市均值水平比较

2023年宁波地区生产总值16452.8亿元，2023年金融业增加值1320.7亿元（在36个金融中心城市中排名第15），占当年GDP的比重达到了8%（在36个金融中心城市中排名第31）。本期宁波科创金融综合景气度指数105.7，在36个金融中心城市中排名第11，景气水平小幅高于100中性值，科创金融发展总体处于相对景气的状态。

从综合景气度评分构成来看，宁波科创金融在融资景气度、投资景气度方面表现较好，均处于景气状态，分别排第4、第9。不过，绩效景气度、政策景气度均低于100中性值，处于不景气状态，其发展活跃度有待提升（见表7.11.1）。

表7.11.1　宁波科创金融景气度分项排名情况

科创金融综合景气度构成	指数得分	指数排名	得分变化	排名变化
科创金融融资景气度	125.24	4	▲21.56	▲3
科创金融投资景气度	107.06	9	▲2.46	▲2

续表

科创金融综合景气度构成	指数得分	指数排名	得分变化	排名变化
科创金融绩效景气度	95.96	18	▲1.28	▼2
科创金融政策景气度	94.54	23	▼6.85	▼4

从具体指标构成来看，宁波在普惠小微企业贷款方面有一定优势，其贷款余额比重高达 17.12%，排在第 6 位；科创型企业当前融资便利度得分 106.00，排名第 4，科创企业当前融资成本优化水平得分 100.98，排名第 8；科创企业较为活跃，科创企业研发扩大意愿排名第 9，科创企业投资扩大意愿排名更是高达第 1；政府财政资金配套较好，财政科技支出占比排名第 5；从科创绩效来看，单位 GDP 国家级专精特新“小巨人”企业数高居全国第 2。但在金融机构专项科创融资供给情况、获得政府性融资担保服务情况、政府引导基金发展评估、科创金融创新氛围等方面均排名同期 36 个金融中心城市的 30 名开外，科创金融的专项政策支持力度和科创金融发展潜力有待进一步提升（见表 7.11.2）。

表 7.11.2　宁波科创金融景气度主要指标排名

一级指标	二级指标	单位	年份	国内均值	宁波	排名
融资景气度	普惠小微企业贷款余额占全部比重	%	2023	10.69	17.12	6
	单位 GDP 科创型企业直接融资增量	%	2023	0.34	0.16	19
	科创型企业当前融资便利度	分	2023	94.22	106.00	4
	科创型企业当前融资成本优化水平	分	2023	93.59	100.98	8
	金融机构专项科创融资供给情况	分	2023	116.22	89.66	35
	科创型企业未来融资扩大意愿	分	2023	140.09	136.27	24
投资景气度	全社会研发投入强度	%	2023	3.05	2.76	20
	科创型企业研发扩大意愿	分	2023	159.34	165.96	9
	科创型企业投资扩大意愿	分	2023	117.64	142.55	1
	私募股权投资规模与 GDP 之比	%	2023	0.59	0.80	14
	私募股权投资需求扩张趋势	分	2023	130.47	120.69	30
	财政科技支出占比	%	2023	4.49	8.15	5

续表

一级指标	二级指标	单位	年份	国内均值	宁波	排名
绩效景气度	本地科创产业发展基础评价	分	2023	155.45	147.62	29
	本地科创产业发展潜力评价	分	2023	172.41	168.57	22
	单位 GDP 高新技术企业数	家/亿元	2023	0.42	0.32	27
	单位 GDP 国家级专精特新“小巨人”企业数	家/百亿元	2023	1.03	2.02	2
	单位 GDP 科创型企业上市数	家/千亿元	2023	1.22	0.79	19
	单位 GDP 科创型企业总市值	%	2023	11.62	4.77	22
	单位人口 SCI 论文发表数	篇/万人	2023	27.93	12.68	31
	单位人口新增发明专利授权量	件/万人	2023	12.13	8.83	18
政策景气度	科创金融政策支持力度	分	2023	148.13	148.57	17
	政府引导基金发展情况	分	2023	124.44	114.71	30
	获得政府性融资担保服务情况	分	2023	125.78	116.35	35
	科技保险渗透情况	分	2023	136.88	134.69	21
	综合金融服务平台发展情况	分	2023	134.19	127.27	26
	单位人口国家级创新载体数	家/百万人	2023	6.62	5.36	21
	本地科创金融创新氛围	分	2023	138.44	123.21	33
	本地科创金融发展潜力	分	2023	126.77	120.75	22

7.12　青岛

青岛科创金融景气度与36个金融中心城市均值水平比较如图7.12.1所示。

2023年青岛地区生产总值15760.3亿元，2023年金融业增加值1040.9亿元（在36个金融中心城市中排名第20），占当年GDP的比重达到了6.6%（在36个金融中心城市中排名第36）。本期青岛科创金融综合景气度指数102.4，在36个金融中心城市中排名第12，景气水平略超过100中性值，科创金融发展总体处于相对景气的状态。

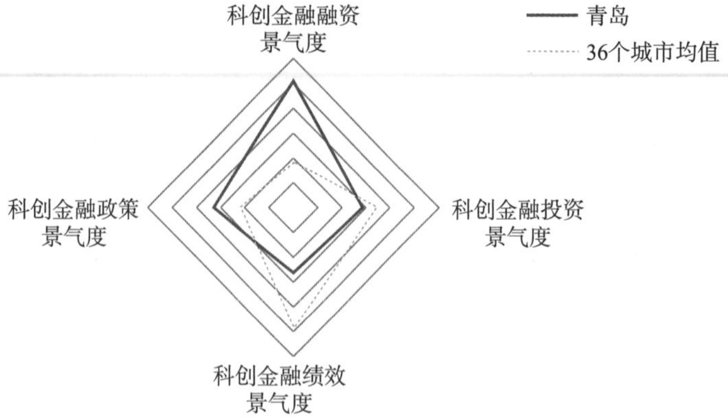

图 7. 12. 1　青岛科创金融景气度与 36 个金融中心城市均值水平比较

从综合景气度评分构成来看，青岛科创金融在融资景气度和政策景气度方面表现较好，均处于景气状态，分别排名第 9 和第 11。不过，投资景气度和绩效景气度均小幅低于 100 中性值，处于不景气状态，两者的发展活跃度有待提升（见表 7. 12. 1）。

表 7. 12. 1　青岛科创金融景气度分项排名情况

科创金融综合景气度构成	指数得分	指数排名	得分变化	排名变化
科创金融融资景气度	110. 32	9	▲17. 55	▲3
科创金融投资景气度	99. 60	15	▼3. 82	▼3
科创金融绩效景气度	98. 19	16	▲2. 86	▼1
科创金融政策景气度	101. 47	11	▼7. 14	▼5

从具体指标构成来看，青岛在科创型企业当前融资便利度、科创型企业当前融资成本优化水平方面具有比较优势，均优于同期 36 个金融中心城市平均水平，指标值分别排名第 8 和第 2，说明青岛本地科创型企业能相对容易获得成本较低的资金；得益于青岛近年来大力发展财富管理中心，青岛本地私募股权投资规模与 GDP 之比排全国第 6 位。

另外，青岛科技保险渗透情况、单位人口国家级创新载体数分别排名第 4、第 5，但青岛科创型企业研发扩大意愿和投资扩大意愿分别排名第 26 和第

34，政府引导基金发展评估、获得政府性融资担保服务情况均排名全国第 32，表明从企业主动性和政府相关配套政策来看，青岛科创金融发展均有一定提升空间（见表 7. 12. 2）。

表 7. 12. 2　青岛科创金融景气度主要指标排名

一级指标	二级指标	单位	年份	国内均值	青岛	排名
融资景气度	普惠小微企业贷款余额占全部比重	%	2023	10. 69	9. 34	19
	单位 GDP 科创型企业直接融资增量	%	2023	0. 34	0. 12	22
	科创型企业当前融资便利度	分	2023	94. 22	100. 00	8
	科创型企业当前融资成本优化水平	分	2023	93. 59	110. 78	2
	金融机构专项科创融资供给情况	分	2023	116. 22	120. 97	14
	科创型企业未来融资扩大意愿	分	2023	140. 09	125. 96	33
投资景气度	全社会研发投入强度	%	2023	3. 05	3. 29	15
	科创型企业研发扩大意愿	分	2023	159. 34	155. 81	26
	科创型企业投资扩大意愿	分	2023	117. 64	97. 67	34
	私募股权投资规模与 GDP 之比	%	2023	0. 59	1. 27	6
	私募股权投资需求扩张趋势	分	2023	130. 47	120. 83	29
	财政科技支出占比	%	2023	4. 49	2. 49	23
绩效景气度	本地科创产业发展基础评价	分	2023	155. 45	148. 57	25
	本地科创产业发展潜力评价	分	2023	172. 41	148. 57	36
	单位 GDP 高新技术企业数	家/亿元	2023	0. 42	0. 43	17
	单位 GDP 国家级专精特新“小巨人”企业数	家/百亿元	2023	1. 03	1. 05	16
	单位 GDP 科创型企业上市数	家/千亿元	2023	1. 22	0. 63	23
	单位 GDP 科创型企业总市值	%	2023	11. 62	3. 63	24
	单位人口 SCI 论文发表数	篇/万人	2023	27. 93	30. 28	12
	单位人口新增发明专利授权量	件/万人	2023	12. 13	15. 01	10
政策景气度	科创金融政策支持力度	分	2023	148. 13	144. 00	25
	政府引导基金发展情况	分	2023	124. 44	110. 89	32
	获得政府性融资担保服务情况	分	2023	125. 78	118. 81	32
	科技保险渗透情况	分	2023	136. 88	148. 08	4
	综合金融服务平台发展情况	分	2023	134. 19	129. 59	22
	单位人口国家级创新载体数	家/百万人	2023	6. 62	11. 28	5
	本地科创金融创新氛围	分	2023	138. 44	132. 20	26
	本地科创金融发展潜力	分	2023	126. 77	130. 91	15

7.13 合肥

合肥科创金融景气度与36个金融中心城市均值水平比较如图7.13.1所示。

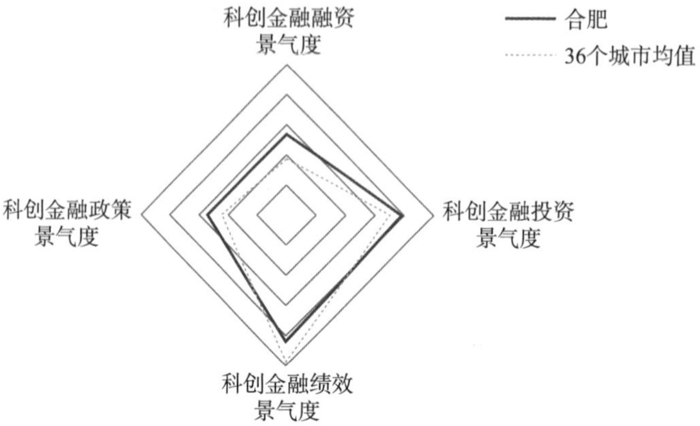

图7.13.1　合肥科创金融景气度与36个金融中心城市均值水平比较

2023年合肥地区生产总值12013亿元，2023年金融业增加值1196.4亿元（在36个金融中心城市中排名第17），占当年GDP的比重达到了9.4%（在36个金融中心城市中排名第24）。本期合肥科创金融综合景气度指数102.12，在36个金融中心城市中排名第13，景气水平小幅高于100中性值，科创金融发展总体处于相对景气的状态。

从综合景气度评分构成来看，合肥科创金融在投资景气度和绩效景气度方面表现较好，高于100中性值，在36个金融中心城市中分别排名第10和第14。不过，融资景气度和政策景气度均低于100中性值，处于不景气状态，分别在36个金融中心城市中排名第13和第15（见表7.13.1）。

表7.13.1　合肥科创金融景气度分项排名情况

科创金融综合景气度构成	指数得分	指数排名	得分变化	排名变化
科创金融融资景气度	98.69	13	▲33.62	▲14
科创金融投资景气度	104.90	10	▼1.61	▼3

续表

科创金融综合景气度构成	指数得分	指数排名	得分变化	排名变化
科创金融绩效景气度	106.16	14	▲6.76	▼1
科创金融政策景气度	98.73	15	▼3.46	▲2

从具体指标构成来看，合肥在科创型企业当前融资成本优化水平方面具有一定优势，指标值排在第 9 位；全社会研发投入强度高于国内均值，达到了 3.19%，排在第 6 位；单位 GDP 科创型企业直接融资增量排名第 7；私募股权投资规模与 GDP 之比较高，达到了 0.99%，排在第 9 位；财政科技支出占比高达 17.43%，高居全国第 1 位；单位 GDP 科创型企业上市数表现较好，指标值排在同期的第 6 位；科创金融政策景气度有一定亮点，科创金融政策支持力度表现突出，排名第 4，科技保险渗透情况高居第 2 位，优势明显，综合金融服务平台发展情况排名第 7，也具备一定优势（见表 7.13.2）。

表 7.13.2　合肥科创金融景气度主要指标排名

一级指标	二级指标	单位	年份	国内均值	合肥	排名
融资景气度	普惠小微企业贷款余额占全部比重	%	2023	10.69	12.16	8
	单位 GDP 科创型企业直接融资增量	%	2023	0.34	0.70	7
	科创型企业当前融资便利度	分	2023	94.22	97.03	13
	科创型企业当前融资成本优化水平	分	2023	93.59	100.00	9
	金融机构专项科创融资供给情况	分	2023	116.22	125.42	11
	科创型企业未来融资扩大意愿	分	2023	140.09	136.54	23
投资景气度	全社会研发投入强度	%	2023	3.05	3.91	6
	科创型企业研发扩大意愿	分	2023	159.34	163.04	12
	科创型企业投资扩大意愿	分	2023	117.64	117.39	19
	私募股权投资规模与 GDP 之比	%	2023	0.59	0.99	9
	私募股权投资需求扩张趋势	分	2023	130.47	134.48	14
	财政科技支出占比	%	2023	4.49	17.43	1

续表

一级指标	二级指标	单位	年份	国内均值	合肥	排名
绩效景气度	本地科创产业发展基础评价	分	2023	155.45	158.10	10
	本地科创产业发展潜力评价	分	2023	172.41	176.19	11
	单位 GDP 高新技术企业数	家/亿元	2023	0.42	0.51	11
	单位 GDP 国家级专精特新“小巨人”企业数	家/百亿元	2023	1.03	1.48	10
	单位 GDP 科创型企业上市数	家/千亿元	2023	1.22	2.05	6
	单位 GDP 科创型企业总市值	%	2023	11.62	15.22	12
	单位人口 SCI 论文发表数	篇/万人	2023	27.93	30.83	11
	单位人口新增发明专利授权量	件/万人	2023	12.13	14.99	11
政策景气度	科创金融政策支持力度	分	2023	148.13	163.37	4
	政府引导基金发展情况	分	2023	124.44	123.71	19
	获得政府性融资担保服务情况	分	2023	125.78	122.00	24
	科技保险渗透情况	分	2023	136.88	150.94	2
	综合金融服务平台发展情况	分	2023	134.19	143.00	7
	单位人口国家级创新载体数	家/百万人	2023	6.62	6.50	17
	本地科创金融创新氛围	分	2023	138.44	134.55	24
	本地科创金融发展潜力	分	2023	126.77	121.57	21

整体而言，合肥科创金融发展相对均衡，在 28 个二级指标中，仅有科创型企业未来融资扩大意愿、科创型企业投资扩大意愿、政府引导基金发展评估、获得政府性融资担保服务情况、科创金融创新氛围、科创金融发展潜力这 7 个指标低于 36 个金融中心城市的平均水平。

7.14 武汉

武汉科创金融景气度与 36 个金融中心城市均值水平比较如图 7.14.1 所示。

2023 年武汉地区生产总值 20011 亿元，2023 年金融业增加值 2011 亿元（在 36 个金融中心城市中排名第 11），占当年 GDP 的比重达到了 10%（在 36 个金融中心城市中排名第 21）。本期武汉科创金融综合景气度指数 102.06，在36个金融中心城市中排名第14，景气水平高于100中性值，科创金融发展总体处于相对景气的状态。

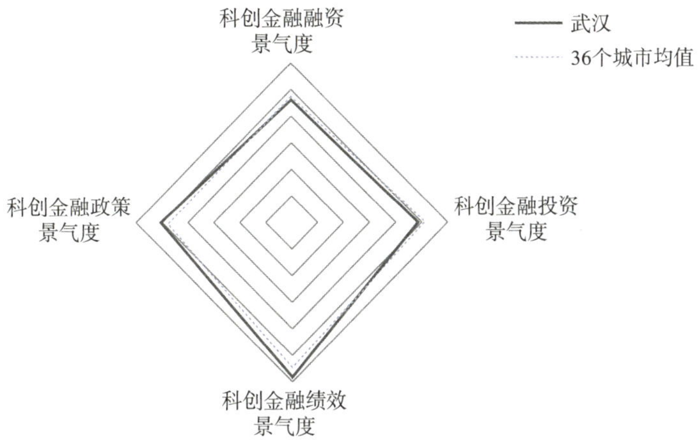

图7.14.1　武汉科创金融景气度与36个金融中心城市均值水平比较

从综合景气度评分构成来看，武汉科创金融在绩效景气度方面表现较好，得分明显高于100分中性值，处于景气状态。但武汉科创金融在融资景气度、投资景气度、政策景气度等方面表现一般，得分均低于100中性值，属于不景气状态，分别排名第15、第16和第13（见表7.14.1）。

表7.14.1　武汉科创金融景气度分项排名情况

科创金融综合景气度构成	指数得分	指数排名	得分变化	排名变化
科创金融融资景气度	93.53	15	▲3.09	▼2
科创金融投资景气度	98.81	16	▼3.52	▼2
科创金融绩效景气度	115.92	9	▲5.91	▼1
科创金融政策景气度	99.98	13	▼6.77	▼3

从具体指标构成来看，武汉在科创型企业未来融资扩大意愿方面具有比较优势，优于同期36个金融中心城市平均水平，指标值排名第5；财政资金支持科技创新力度较大，财政科技支出占比指标值排名同期第4；科创型企业发展势头较好，单位GDP高新技术企业数、单位GDP国家级专精特新“小巨人”企业数优于同期36个金融中心城市平均水平，指标值分别排第6位、

第8位；得益于高校院所林立，单位人口SCI论文发表数、单位人口新增发明专利授权量表现突出，指标值分别排第3位、第8位（见表7.14.2）。

表7.14.2 武汉科创金融景气度主要指标排名

一级指标	二级指标	单位	年份	国内均值	武汉	排名
融资景气度	普惠小微企业贷款余额占全部比重	%	2023	10.69	7.85	28
	单位GDP科创型企业直接融资增量	%	2023	0.34	0.27	17
	科创型企业当前融资便利度	分	2023	94.22	96.08	14
	科创型企业当前融资成本优化水平	分	2023	93.59	90.10	24
	金融机构专项科创融资供给情况	分	2023	116.22	114.00	19
	科创型企业未来融资扩大意愿	分	2023	140.09	150.49	5
投资景气度	全社会研发投入强度	%	2023	3.05	3.51	10
	科创型企业研发扩大意愿	分	2023	159.34	156.36	25
	科创型企业投资扩大意愿	分	2023	117.64	109.09	25
	私募股权投资规模与GDP之比	%	2023	0.59	0.50	16
	私募股权投资需求扩张趋势	分	2023	130.47	134.21	15
	财政科技支出占比	%	2023	4.49	8.23	4
绩效景气度	本地科创产业发展基础评价	分	2023	155.45	153.33	20
	本地科创产业发展潜力评价	分	2023	172.41	176.19	11
	单位GDP高新技术企业数	家/亿元	2023	0.42	0.62	6
	单位GDP国家级专精特新“小巨人”企业数	家/百亿元	2023	1.03	1.52	8
	单位GDP科创型企业上市数	家/千亿元	2023	1.22	1.35	14
	单位GDP科创型企业总市值	%	2023	11.62	9.97	16
	单位人口SCI论文发表数	篇/万人	2023	27.93	44.65	3
	单位人口新增发明专利授权量	件/万人	2023	12.13	16.51	8
政策景气度	科创金融政策支持力度	分	2023	148.13	147.57	19
	政府引导基金发展情况	分	2023	124.44	110.68	33
	获得政府性融资担保服务情况	分	2023	125.78	119.80	29
	科技保险渗透情况	分	2023	136.88	135.56	19
	综合金融服务平台发展情况	分	2023	134.19	131.68	20
	单位人口国家级创新载体数	家/百万人	2023	6.62	9.00	9
	本地科创金融创新氛围	分	2023	138.44	140.43	15
	本地科创金融发展潜力	分	2023	126.77	126.67	17

但是，在普惠小微企业贷款余额、政府引导基金发展情况、获得政府性融资担保服务情况等方面与国内均值水平存在一定的差距，排名在 36 个金融中心城市中相对靠后。

7.15　厦门

厦门科创金融景气度与 36 个金融中心城市均值水平比较如图 7.15.1 所示。

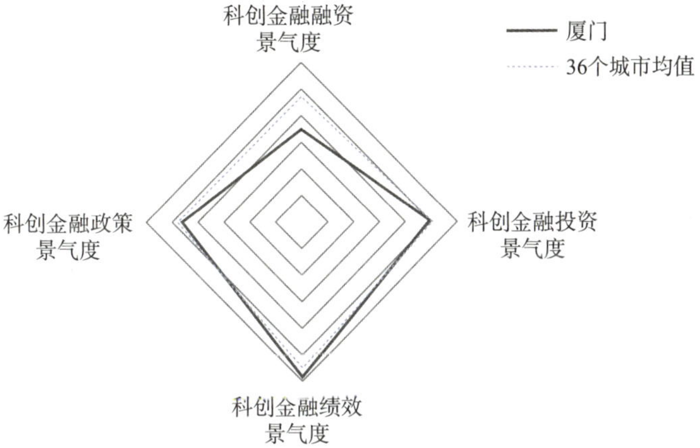

图 7.15.1　厦门科创金融景气度与 36 个金融中心城市均值水平比较

2023 年厦门地区生产总值 8066.5 亿元，2023 年金融业增加值 967.3 亿元（在 36 个金融中心城市中排名第 21），占当年 GDP 的比重达到 11.99%（在 36 个金融中心城市中排名第 12）。本期厦门科创金融综合景气度指数 96.50，在 36 个金融中心城市中排名第 15，景气水平小幅低于中性值，科创金融发展总体处于相对不景气的状态。

从综合景气度评分构成来看，厦门科创金融在投资景气度和绩效景气度方面表现较好，处于景气状态，这两项景气度分别排名第 12 和第 7。但是，融资景气度和政策景气度均低于 100 中性值，处于不景气状态，两者的发展活跃度有待提升（见表 7.15.1）。

表 7.15.1　厦门科创金融景气度分项排名情况

科创金融综合景气度构成	指数得分	指数排名	得分变化	排名变化
科创金融融资景气度	71.74	28	▲3.18	▼4
科创金融投资景气度	101.42	12	▼0.06	▲4
科创金融绩效景气度	119.08	7	▲5.95	—
科创金融政策景气度	93.77	25	▼5.21	▲2

从具体指标构成来看，厦门普惠小微企业贷款余额占比具有明显优势，高于国内均值 10.43 个百分点，排名第 2；私募股权投资规模与 GDP 之比达 2.14%，排名第 1；本地科创产业发展潜力评价 179.05 分，排名第 8；每百亿元 GDP 拥有的国家级专精特新“小巨人”企业数达 1.79 家，排名第 3；每千亿元 GDP 科创型企业上市数达 1.74 家，排名第 9；每百万人国家级创新载体数达 10.70 家，排名第 6。除此之外，厦门单位 GDP 科创企业直接融资增量、全社会研发投入强度、财政科技支出占比、单位 GDP 科创型企业总市值、政府引导基金发展评价等指标表现较好，具有一定优势。但与此同时，厦门在科创企业当前融资便利度、科创企业当前融资成本优化水平、金融机构专项科创融资供给情况、科创金融政策支持力度、获得政府性融资担保服务情况、本地科创金融创新氛围等方面发展评价低于同期 36 个金融中心城市平均水平，差距较显著（见表 7.15.2）。

表 7.15.2　厦门科创金融景气度主要指标排名

一级指标	二级指标	单位	年份	国内均值	厦门	排名
融资景气度	普惠小微企业贷款余额占全部比重	%	2023	10.69	21.12	2
	单位 GDP 科创型企业直接融资增量	%	2023	0.34	0.41	11
	科创型企业当前融资便利度	分	2023	94.22	90.48	24
	科创型企业当前融资成本优化水平	分	2023	93.59	84.16	31
	金融机构专项科创融资供给情况	分	2023	116.22	98.46	31
	科创型企业未来融资扩大意愿	分	2023	140.09	132.67	30

续表

一级指标	二级指标	单位	年份	国内均值	厦门	排名
投资景气度	全社会研发投入强度	%	2023	3.05	3.30	14
	科创型企业研发扩大意愿	分	2023	159.34	157.50	22
	科创型企业投资扩大意愿	分	2023	117.64	120.00	16
	私募股权投资规模与 GDP 之比	%	2023	0.59	2.14	1
	本地私募股权投资需求扩张趋势	分	2023	130.47	130.00	18
	财政科技支出占比	%	2023	4.49	5.68	11
绩效景气度	本地科创产业发展基础评价	分	2023	155.45	146.67	31
	本地科创产业发展潜力评价	分	2023	172.41	179.05	8
	单位 GDP 高新技术企业数	家/亿元	2023	0.42	0.45	16
	单位 GDP 国家级专精特新“小巨人”企业	家/百亿元	2023	1.03	1.79	3
	单位 GDP 科创型企业上市数	家/千亿元	2023	1.22	1.74	9
	单位 GDP 科创型企业总市值	%	2023	11.62	16.13	10
	单位人口 SCI 论文发表数	篇/万人	2023	27.93	25.43	15
	单位人口新增发明专利授权量	件/万人	2023	12.13	10.07	17
政策景气度	科创金融政策支持力度	分	2023	148.13	126.92	36
	政府引导基金发展情况	分	2023	124.44	128.28	12
	获得政府性融资担保服务情况	分	2023	125.78	118.27	33
	科技保险渗透情况	分	2023	136.88	129.27	27
	综合金融服务平台发展情况	分	2023	134.19	130.61	21
	单位人口国家级创新载体数	家/百万人	2023	6.62	10.70	6
	本地科创金融创新氛围	分	2023	138.44	124.62	30
	本地科创金融发展潜力	分	2023	126.77	122.03	20

7.16　天津

天津科创金融景气度与 36 个金融中心城市均值水平比较如图 7.16.1 所示。

2023 年天津地区生产总值 16737.3 亿元，2023 年金融业增加值 2249.8 亿元（在 36 个金融中心城市中排名第 10），占当年 GDP 的比重达 13.44%（在

36 个金融中心城市中排名第 6）。本期天津科创金融综合景气度指数 95.46，在 36 个金融中心城市中排名第 17，景气水平小幅低于 100 中性值，科创金融发展总体处于相对不景气的状态。

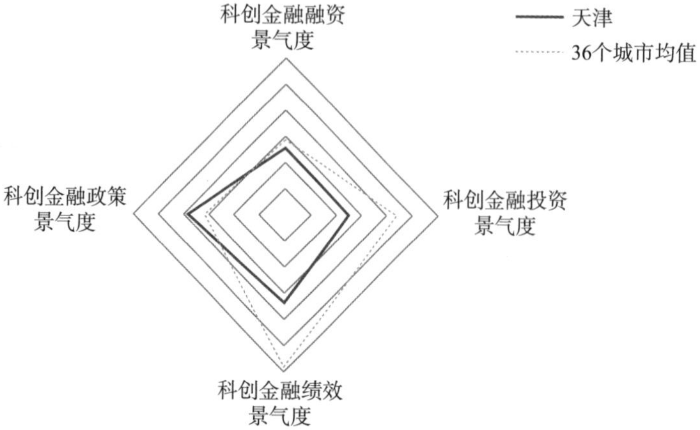

图 7.16.1　天津科创金融景气度与 36 个金融中心城市均值水平比较

从综合景气度评分构成来看，天津在科创金融融资景气度、投资景气度、绩效景气度、政策景气度等方面表现相对均衡，得分全部处于 90~100，但均未超过 100 中性值，处于不景气状态，分项排名分别位列 36 个金融中心城市第 16、第 20、第 17 和第 14（见表 7.16.1）。

表 7.16.1　天津科创金融景气度分项排名情况

科创金融综合景气度构成	指数得分	指数排名	得分变化	排名变化
科创金融融资景气度	93.14	16	▲8.96	—
科创金融投资景气度	92.66	20	▼3.11	▼3
科创金融绩效景气度	96.78	17	▲4.84	▲1
科创金融政策景气度	99.26	14	▼6.52	▼3

从具体指标构成来看，天津在科创型企业当前融资便利度方面具有比较优势，优于同期 36 个金融中心城市平均水平，排名第 10；科创型企业未来融资扩大意愿较高，排名第 7；全社会研发投入强度达 3.66%，排在第 9 位；单

位 GDP 高新技术企业数高于同期 36 个金融中心城市平均水平，排名第 3；每百万人国家级创新载体数为 10.63 家，排名第 7；本地科创金融创新氛围、科创金融发展潜力分别排全国第 4 位、第 8 位。除此之外，天津在科创企业当前融资便利度、科创金融政策支持力度、私募股权投资规模与 GDP 之比等方面也具有一定比较优势。但与此同时，天津在普惠小微企业贷款余额占比、科创型企业研发扩大意愿、科创型企业投资扩大意愿、私募股权投资需求扩张趋势、科技保险渗透情况等方面低于同期 36 个金融中心城市平均水平，仍有较大提升空间（见表 7.16.2）。

表 7.16.2　天津科创金融景气度主要指标排名

一级指标	二级指标	单位	年份	国内均值	天津	排名
融资景气度	普惠小微企业贷款余额占全部比重	%	2023	10.69	8.54	25
	单位 GDP 科创型企业直接融资增量	%	2023	0.34	0.39	13
	科创型企业当前融资便利度	分	2023	94.22	98.08	10
	科创型企业当前融资成本优化水平	分	2023	93.59	104.95	5
	金融机构专项科创融资供给情况	分	2023	116.22	118.60	15
	科创型企业未来融资扩大意愿	分	2023	140.09	147.57	7
投资景气度	全社会研发投入强度	%	2023	3.05	3.66	9
	科创型企业研发扩大意愿	分	2023	159.34	150.00	30
	科创型企业投资扩大意愿	分	2023	117.64	109.68	24
	私募股权投资规模与 GDP 之比	%	2023	0.59	0.88	11
	私募股权投资需求扩张趋势	分	2023	130.47	120.59	31
	财政科技支出占比	%	2023	4.49	2.35	24
绩效景气度	本地科创产业发展基础评价	分	2023	155.45	155.24	15
	本地科创产业发展潜力评价	分	2023	172.41	175.24	15
	单位 GDP 高新技术企业数	家/亿元	2023	0.42	0.64	3
	单位 GDP 国家级专精特新“小巨人”企业	家/百亿元	2023	1.03	1.35	12
	单位 GDP 科创型企业上市数	家/千亿元	2023	1.22	0.84	18
	单位 GDP 科创型企业总市值	%	2023	11.62	15.75	11
	单位人口 SCI 论文发表数	篇/万人	2023	27.93	26.57	14
	单位人口新增发明专利授权量	件/万人	2023	12.13	10.49	16

续表

一级指标	二级指标	单位	年份	国内均值	天津	排名
政策景气度	科创金融政策支持力度	分	2023	148.13	155.24	7
	政府引导基金发展情况	分	2023	124.44	125.51	16
	获得政府性融资担保服务情况	分	2023	125.78	122.12	23
	科技保险渗透情况	分	2023	136.88	118.00	36
	综合金融服务平台发展情况	分	2023	134.19	129.00	23
	单位人口国家级创新载体数	家/百万人	2023	6.62	10.63	7
	本地科创金融创新氛围	分	2023	138.44	156.10	4
	本地科创金融发展潜力	分	2023	126.77	139.02	8

7.17 成都

成都科创金融景气度与36个金融中心城市均值水平比较如图7.17.1所示。

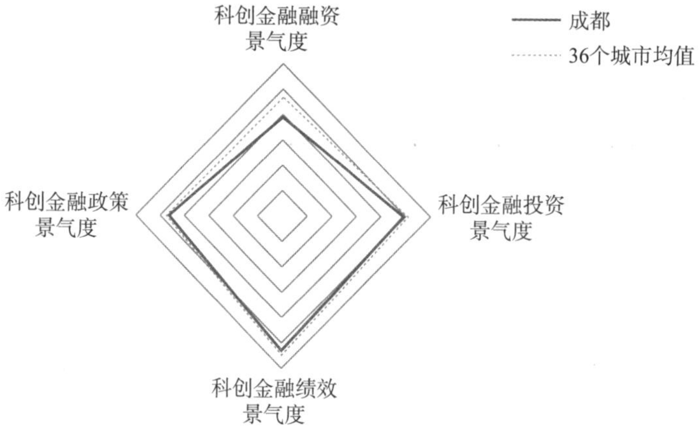

图7.17.1 成都科创金融景气度与36个金融中心城市均值水平比较

2023年成都地区生产总值29818亿元，2023年金融业增加值2271.6亿元（在36个金融中心城市中排名第6），占当年GDP的比重达到了11.4%（在36个金融中心城市中排名第15）。本期成都科创金融综合景气度指数94.75，在36个金融中心城市中排名第15，景气水平小幅低于100中性值，科创金融发展总体处于相对不景气的状态。

从综合景气度评分构成来看，成都科创金融在绩效景气度方面表现较好，处于景气状态，在36个金融中心城市中排名第13。但是，融资景气度、投资景气度和政策景气度均低于100中性值，处于不景气状态，分别在36个金融中心城市中排名第25、第14和第26（见表7.17.1）。

表7.17.1　成都科创金融景气度分项排名情况

科创金融综合景气度构成	指数得分	指数排名	得分变化	排名变化
科创金融融资景气度	79.13	25	▲1.44	▼6
科创金融投资景气度	99.65	14	▼3.42	▼1
科创金融绩效景气度	106.56	13	▲7.80	▲1
科创金融政策景气度	93.66	26	▼6.16	▼1

从具体指标构成来看，成都科创型企业研发扩大意愿较强烈，在36个金融中心城市中排名第7；财政科技支出占比达到5.83%，超过国内均值1.34个百分点，排名第9；本地科创产业发展基础评价、科创产业发展潜力评价高于国内均值，分别排名第11和第8。除此之外，成都在单位GDP科创型企业直接融资增量、全社会研发投入强度、私募股权投资需求扩张趋势等方面相对国内均值水平具有一定比较优势。值得一提的是，成都企业创新活力和基础科研实力较强，单位GDP高新技术企业数、单位GDP国家级专精特新“小巨人”企业数、单位GDP科创型企业上市数、单位GDP科创型企业总市值、单位人口SCI论文发表数、单位人口新增发明专利授权量等指标均排在第10~20位。但与此同时，成都在科创型企业未来融资扩大意愿、科创金融政策支持力度、综合金融服务平台发展情况、单位人口国家级创新载体数等方面，与领先城市相比还存在较大差距（见表7.17.2）。

表 7.17.2　成都科创金融景气度主要指标排名

一级指标	二级指标	单位	年份	国内均值	成都	排名
融资景气度	普惠小微企业贷款余额占全部比重	%	2023	10.69	9.21	20
	单位 GDP 科创型企业直接融资增量	%	2023	0.34	0.34	14
	科创型企业当前融资便利度	分	2023	94.22	92.08	21
	科创型企业当前融资成本优化水平	分	2023	93.59	92.86	21
	金融机构专项科创融资供给情况	分	2023	116.22	112.00	20
	科创型企业未来融资扩大意愿	分	2023	140.09	129.70	32
投资景气度	全社会研发投入强度	%	2023	3.05	3.32	13
	科创型企业研发扩大意愿	分	2023	159.34	167.27	7
	科创型企业投资扩大意愿	分	2023	117.64	116.36	20
	私募股权投资规模与 GDP 之比	%	2023	0.59	0.54	15
	私募股权投资需求扩张趋势	分	2023	130.47	137.50	11
	财政科技支出占比	%	2023	4.49	5.83	9
绩效景气度	本地科创产业发展基础评价	分	2023	155.45	156.19	11
	本地科创产业发展潜力评价	分	2023	172.41	179.05	8
	单位 GDP 高新技术企业数	家/亿元	2023	0.42	0.52	10
	单位 GDP 国家级专精特新“小巨人”企业	家/百亿元	2023	1.03	1.20	14
	单位 GDP 科创型企业上市数	家/千亿元	2023	1.22	1.54	12
	单位 GDP 科创型企业总市值	%	2023	11.62	11.01	15
	单位人口 SCI 论文发表数	篇/万人	2023	27.93	24.66	17
	单位人口新增发明专利授权量	件/万人	2023	12.13	12.04	15
政策景气度	科创金融政策支持力度	分	2023	148.13	137.37	34
	政府引导基金发展情况	分	2023	124.44	122.68	22
	获得政府性融资担保服务情况	分	2023	125.78	126.47	13
	科技保险渗透情况	分	2023	136.88	134.55	22
	综合金融服务平台发展情况	分	2023	134.19	113.86	35
	单位人口国家级创新载体数	家/百万人	2023	6.62	3.69	29
	本地科创金融创新氛围	分	2023	138.44	141.30	14
	本地科创金融发展潜力	分	2023	126.77	119.15	25

7.18 长沙

长沙科创金融景气度与36个金融中心城市均值水平比较如图7.18.1所示。

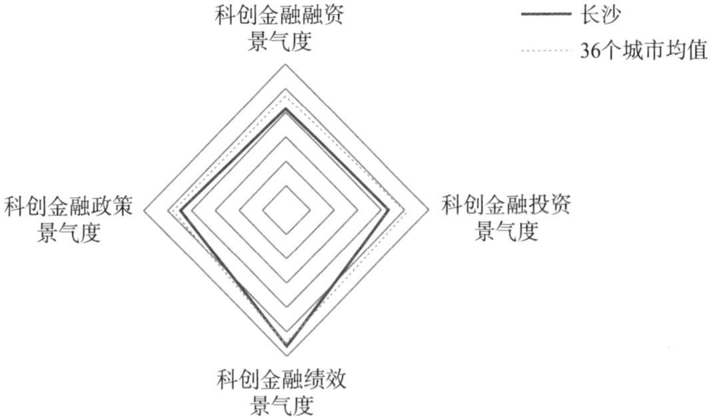

图7.18.1 长沙科创金融景气度与36个金融中心城市均值水平比较

2023年长沙地区生产总值14332亿元，2023年金融业增加值1073.6亿元，占当年GDP的比重达到了7.5%。本期长沙科创金融综合景气度指数93.22，在36个金融中心城市中排名第18，景气水平小幅低于100中性值，科创金融发展总体处于相对不景气的状态。

从综合景气度评分构成来看，长沙科创金融在绩效景气度方面表现较好，在36个金融中心城市中该分项排名第11。不过，融资景气度、投资景气度和政策景气度均低于100中性值，处于不景气状态，分别在36个金融中心城市中排名第21、第29和第34（见表7.18.1）。

表7.18.1 长沙科创金融景气度分项排名情况

科创金融综合景气度构成	指数得分	指数排名	得分变化	排名变化
科创金融融资景气度	83.76	21	▲1.42	▼4
科创金融投资景气度	86.21	29	▼3.95	▼9
科创金融绩效景气度	112.47	11	▲5.63	▼1
科创金融政策景气度	90.42	34	▼8.30	▼5

从具体指标构成来看，长沙在单位 GDP 科创型企业总市值方面表现较好，排名第 8；普惠小微企业贷款余额占全部比重、单位 GDP 科创型企业上市数和单位 GDP 科创型企业直接融资增量等方面表现也较好，排名均为第 10；每万人 SCI 论文发表数达到了 34.59 篇，排名第 10；科创型企业当前融资成本优化水平、政府引导基金发展情况、全社会研发投入强度等方面也具有一定比较优势，略高于国内均值。不过，科创型企业当前融资便利度、金融机构专项科创融资供给情况和科创型企业未来融资扩大意愿等方面低于同期 36 个金融中心城市平均水平（见表 7.18.2）。

表 7.18.2　长沙科创金融景气度主要指标排名

一级指标	二级指标	单位	年份	国内均值	长沙	排名
融资景气度	普惠小微企业贷款余额占全部比重	%	2023	10.69	10.87	10
	单位 GDP 科创型企业直接融资增量	%	2023	0.34	0.46	10
	科创型企业当前融资便利度	分	2023	94.22	89.11	28
	科创型企业当前融资成本优化水平	分	2023	93.59	98.08	11
	金融机构专项科创融资供给情况	分	2023	116.22	90.74	34
	科创型企业未来融资扩大意愿	分	2023	140.09	122.12	35
投资景气度	全社会研发投入强度	%	2023	3.05	3.18	17
	科创型企业研发扩大意愿	分	2023	159.34	152.94	29
	科创型企业投资扩大意愿	分	2023	117.64	90.20	35
	私募股权投资规模与 GDP 之比	%	2023	0.59	0.36	18
	私募股权投资需求扩张趋势	分	2023	130.47	125.00	27
	财政科技支出占比	%	2023	4.49	5.17	15
绩效景气度	本地科创产业发展基础评价	分	2023	155.45	155.24	16
	本地科创产业发展潜力评价	分	2023	172.41	168.57	25
	单位 GDP 高新技术企业数	家/亿元	2023	0.42	0.46	14
	单位 GDP 国家级专精特新“小巨人”企业数	家/百亿元	2023	1.03	1.24	13
	单位 GDP 科创型企业上市数	家/千亿元	2023	1.22	1.67	10
	单位 GDP 科创型企业总市值	%	2023	11.62	17.10	8
	单位人口 SCI 论文发表数	篇/万人	2023	27.93	34.59	10
	单位人口新增发明专利授权量	件/万人	2023	12.13	12.32	14

续表

一级指标	二级指标	单位	年份	国内均值	长沙	排名
政策景气度	科创金融政策支持力度	分	2023	148.13	139.42	29
	政府引导基金发展情况	分	2023	124.44	125.24	17
	获得政府性融资担保服务情况	分	2023	125.78	122.55	21
	科技保险渗透情况	分	2023	136.88	118.75	35
	综合金融服务平台发展情况	分	2023	134.19	123.00	32
	单位人口国家级创新载体数	家/百万人	2023	6.62	5.14	22
	本地科创金融创新氛围	分	2023	138.44	124.53	31
	本地科创金融发展潜力	分	2023	126.77	127.45	16

7.19　沈阳

沈阳科创金融景气度与36个金融中心城市均值水平比较如图7.19.1所示。

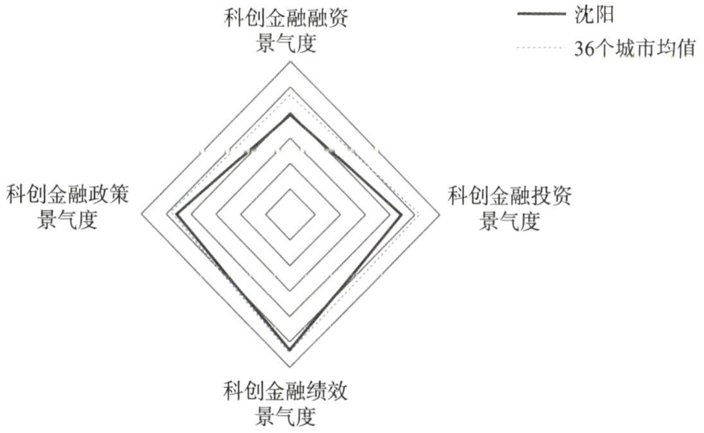

图7.19.1　沈阳科创金融景气度与36个金融中心城市均值水平比较

2023年沈阳地区生产总值8122亿元，2023年金融业增加值551.1亿元，占当年GDP的比重达到了6.78%。本期沈阳科创金融综合景气度指数92.37，在36个金融中心城市中排名第19，景气水平小幅低于100中性值，科创金融发展总体处于相对不景气的状态。

从综合景气度评分构成来看，沈阳科创金融在绩效景气度表现较好，处于景气状态，排名第12。不过，融资景气度、投资景气度和政策景气度均低于100中性值，处于不景气状态，三者的发展活跃度有待提升（见表7.19.1）。

表7.19.1　沈阳科创金融景气度分项排名情况

科创金融综合景气度构成	指数得分	指数排名	得分变化	排名变化
科创金融融资景气度	79.71	24	▲2.60	▼4
科创金融投资景气度	88.87	23	▲1.34	▲2
科创金融绩效景气度	108.22	12	▲7.52	—
科创金融政策景气度	92.67	30	▼8.62	▼9

从具体指标构成来看，沈阳在科创型企业未来融资扩大意愿方面具有比较优势，科创型企业未来融资扩大意愿优于同期36个金融中心城市平均水平，指标值排名第8；科创型企业培育成效突出，每亿元GDP拥有的国家高新技术企业数为0.53家，是同期全国平均水平的1.26倍，指标值排名第8；单位GDP科创型企业直接融资增量和单位GDP科创型企业总市值上升明显，指标值排名均为第9；基础研究创新成果略低于国家平均水平，2023年平均每万人SCI论文发表数达到了23篇；在科技保险渗透情况方面也具有一定比较优势。除此之外，其他相关指标均低于同期36个金融中心城市平均水平，且差距较显著（见表7.19.2）。

表7.19.2　沈阳科创金融景气度主要指标排名

一级指标	二级指标	单位	年份	国内均值	沈阳	排名
融资景气度	普惠小微企业贷款余额占全部比重	%	2023	10.69	5.79	34
	单位GDP科创型企业直接融资增量	%	2023	0.34	0.50	9
	科创型企业当前融资便利度	分	2023	94.22	84.47	31
	科创型企业当前融资成本优化水平	分	2023	93.59	86.27	29
	金融机构专项科创融资供给情况	分	2023	116.22	100.00	30
	科创型企业未来融资扩大意愿	分	2023	140.09	146.67	8

续表

一级指标	二级指标	单位	年份	国内均值	沈阳	排名
投资景气度	全社会研发投入强度	%	2023	3.05	2.97	18
	科创型企业研发扩大意愿	分	2023	159.34	147.50	33
	科创型企业投资扩大意愿	分	2023	117.64	117.50	18
	私募股权投资规模与 GDP 之比	%	2023	0.59	0.06	32
	私募股权投资需求扩张趋势	分	2023	130.47	100.00	35
	财政科技支出占比	%	2023	4.49	3.23	21
绩效景气度	本地科创产业发展基础评价	分	2023	155.45	147.17	30
	本地科创产业发展潜力评价	分	2023	172.41	164.15	30
	单位 GDP 高新技术企业数	家/亿元	2023	0.42	0.53	8
	单位 GDP 国家级专精特新“小巨人”企业数	家/百亿元	2023	1.03	0.97	19
	单位 GDP 科创型企业上市数	家/千亿元	2023	1.22	0.86	17
	单位 GDP 科创型企业总市值	%	2023	11.62	16.85	9
	单位人口 SCI 论文发表数	篇/万人	2023	27.93	23.00	21
	单位人口新增发明专利授权量	件/万人	2023	12.13	6.33	23
政策景气度	科创金融政策支持力度	分	2023	148.13	138.00	33
	政府引导基金发展情况	分	2023	124.44	114.56	31
	获得政府性融资担保服务情况	分	2023	125.78	111.00	36
	科技保险渗透情况	分	2023	136.88	144.90	12
	综合金融服务平台发展情况	分	2023	134.19	117.82	33
	单位人口国家级创新载体数	家/百万人	2023	6.62	4.45	27
	本地科创金融创新氛围	分	2023	138.44	123.08	34
	本地科创金融发展潜力	分	2023	126.77	104.84	35

7.20 福州

福州科创金融景气度与 36 个金融中心城市均值水平比较如图 7.20.1 所示。

2023 年福州地区生产总值 12928 亿元，2023 年金融业增加值 1719.9 亿元，占当年 GDP 的比重达到了 13.3%。本期福州科创金融综合景气度指数 91.33，在 36 个金融中心城市中排名第 20，景气水平低于 100 中性值，科创

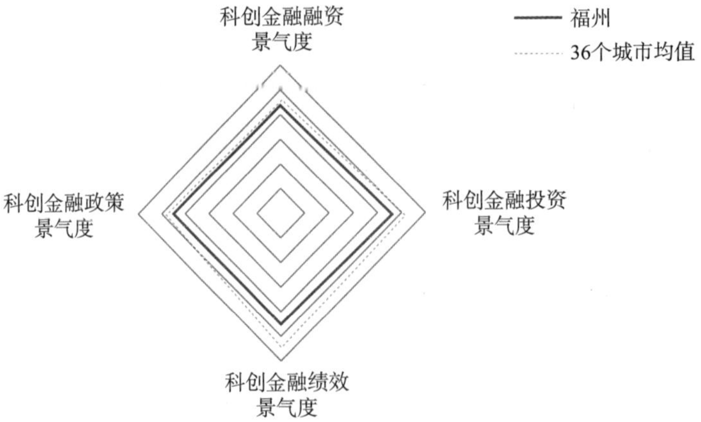

图 7.20.1　福州科创金融景气度与 36 个金融中心城市均值水平比较

金融发展总体处于相对不景气的状态。

从综合景气度评分构成来看，福州科创金融各分项景气度均处于不景气状态（低于 100 中性值），其中绩效景气度和政策景气度排名相对靠后，分别位列第 21 和第 33，各方面的发展活跃度均有待提升（见表 7.20.1）。

表 7.20.1　福州科创金融景气度分项排名情况

科创金融综合景气度构成	指数得分	指数排名	得分变化	排名变化
科创金融融资景气度	90.02	17	▼3.35	▼6
科创金融投资景气度	92.93	19	▲6.04	▲8
科创金融绩效景气度	90.94	21	▲3.61	▼1
科创金融政策景气度	91.43	33	▼6.42	▼2

从具体指标构成来看，福州在普惠小微企业贷款余额占全部比重方面具有一定优势，占比达到了 17.47%，排名第 4；科技保险渗透情况和私募股权投资需求扩张趋势较好，排名分别为第 7、第 8；科创型企业投资扩大意愿评分也相对较优，排在第 10 位；在科创型企业未来融资扩大意愿、科创型企业研发扩大意愿、本地科创产业发展潜力评价和科创金融发展潜力等方面也具有一定比较优势。除此之外，其他相关指标均与国内均值持平或低于国内均值（见表 7.20.2）。

表 7.20.2　福州科创金融景气度主要指标排名

一级指标	二级指标	单位	年份	国内均值	福州	排名
融资景气度	普惠小微企业贷款余额占全部比重	%	2023	10.69	17.47	4
	单位 GDP 科创型企业直接融资增量	%	2023	0.34	0.08	26
	科创型企业当前融资便利度	分	2023	94.22	90.00	26
	科创型企业当前融资成本优化水平	分	2023	93.59	88.12	26
	金融机构专项科创融资供给情况	分	2023	116.22	114.52	18
	科创型企业未来融资扩大意愿	分	2023	140.09	142.57	13
投资景气度	全社会研发投入强度	%	2023	3.05	2.58	24
	科创型企业研发扩大意愿	分	2023	159.34	160.47	18
	科创型企业投资扩大意愿	分	2023	117.64	130.23	10
	私募股权投资规模与 GDP 之比	%	2023	0.59	0.27	21
	私募股权投资需求扩张趋势	分	2023	130.47	140.00	8
	财政科技支出占比	%	2023	4.49	1.84	29
绩效景气度	本地科创产业发展基础评价	分	2023	155.45	149.52	24
	本地科创产业发展潜力评价	分	2023	172.41	176.19	11
	单位 GDP 高新技术企业数	家/亿元	2023	0.42	0.30	28
	单位 GDP 国家级专精特新“小巨人”企业数	家/百亿元	2023	1.03	0.46	30
	单位 GDP 科创型企业上市数	家/千亿元	2023	1.22	0.70	22
	单位 GDP 科创型企业总市值	%	2023	11.62	4.70	23
	单位人口 SCI 论文发表数	篇/万人	2023	27.93	19.04	24
	单位人口新增发明专利授权量	件/万人	2023	12.13	5.92	27
政策景气度	科创金融政策支持力度	分	2023	148.13	143.69	26
	政府引导基金发展情况	分	2023	124.44	116.00	28
	获得政府性融资担保服务情况	分	2023	125.78	123.76	19
	科技保险渗透情况	分	2023	136.88	147.92	7
	综合金融服务平台发展情况	分	2023	134.19	128.71	24
	单位人口国家级创新载体数	家/百万人	2023	6.62	2.60	34
	本地科创金融创新氛围	分	2023	138.44	133.33	25
	本地科创金融发展潜力	分	2023	126.77	131.58	14

实践篇

第八章　济南科创金融景气度调查画像

近年来，济南大力推进科创金融改革试验区建设，“政金企”紧密合作，打造“科技—产业—金融”良性循环，探索金融服务科创路径，目前已取得阶段性成效。通过本次针对科创型企业、金融中介机构的抽样调查发现，济南在科创金融的政策支持、融资等方面有喜人的表现，在科创投资和科创绩效等方面仍存在提升空间。

8.1　科创企业融资供需两旺，融资供给水平显著提升

面向科创领域的融资便利度表现突出。济南科创企业融资难度情况综合评分全国第2，仅次于上海。根据对济南金融机构的调查，高达39%的金融机构认为针对科创企业的融资难度在降低，这一比例远高于全国平均的27%，仅有24%的金融机构认为针对科创企业的融资难度在提高，这一比例远低于全国平均的37%。从对科创企业的调研来看，31%的科创企业认为科创企业的融资难度在降低，51%的科创企业认为融资难度不变，而仅有18%的科创企业认为融资难度在提升，这一比例在全国仅高于宁波的11%，这也从企业的角度证实了科创企业融资便利度的提升。为支持科创型企业发展，以金融“活水”浇灌企业全生命周期，济南各金融机构积极创新产品线，根据上一期调查问卷，济南75%的受访金融机构开发了专门面向科创型企业的金融产品，约60.2%的金融机构设置了面向科创型企业的分支机构或业务团队，以支持

科创型企业更好地获得金融服务（见图 8.1.1）。

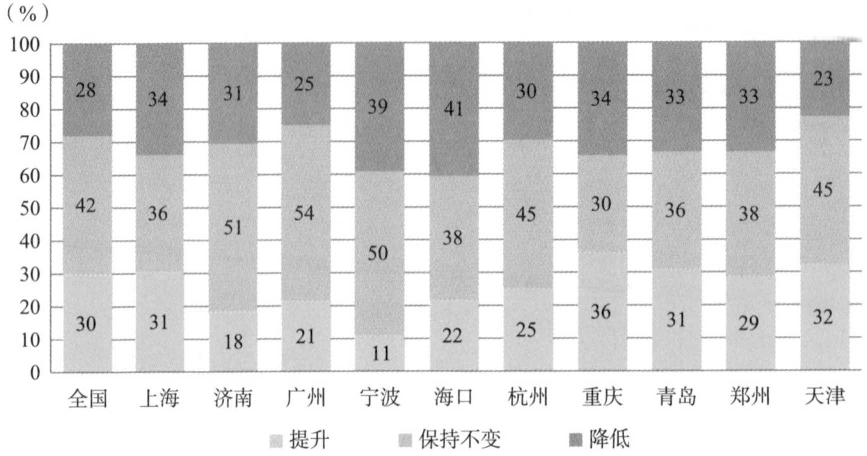

图 8.1.1　科创企业融资难度情况评价前十强

科创企业融资扩大意愿较强。在科创企业未来融资意愿变化调查中，济南仅次于北京、上海，位列第 3，其中 68%的受访者指出未来将扩大融资，排在 36 个金融中心城市第 3，远超 36 个主要城市的平均值 55%，未来济南科创金融产品可能会变得更多元化，更好地满足科创型企业个性化需求（见图 8.1.2）。

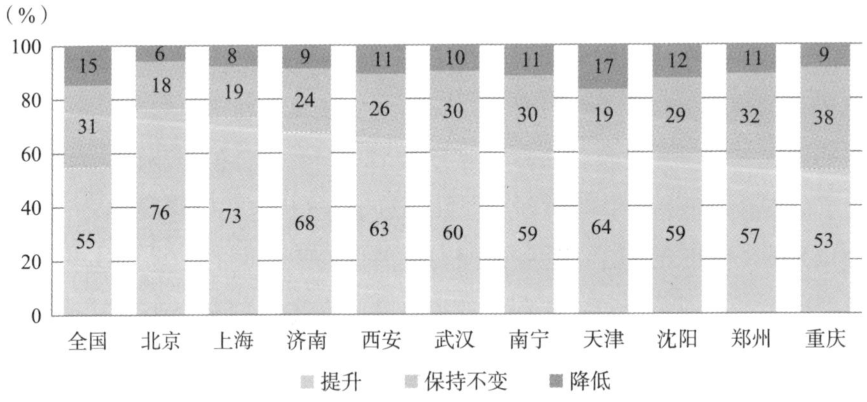

图 8.1.2　科创企业融资扩大意愿评分前十强

科创企业扩大融资的意愿来源于对融资成本变化的体感和信心，根据科创企业融资成本评价的调查，高达37%的济南科创企业认为当前融资成本降低了，这一比例远高于36个主要城市的平均值29%；根据科创企业对融资成本未来变化的调查，高达49%的济南受访科创企业认为未来融资成本还会降低，这一比例仅次于贵阳的61%，远超36个主要城市的平均值36%（见图8.1.3、图8.1.4）。

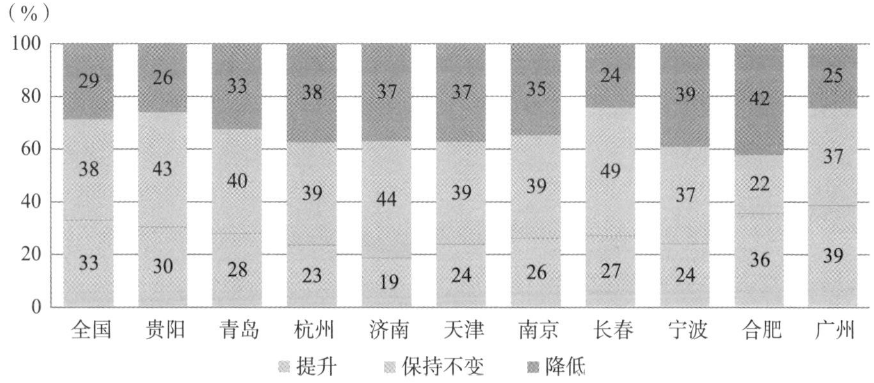

图 8.1.3　科创企业对当前融资成本变化的评价

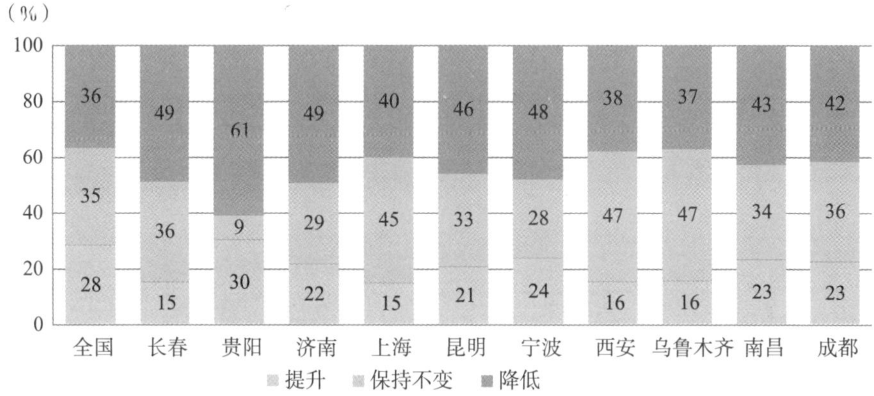

图 8.1.4　科创企业对未来一年融资成本变化的预期

8.2 科创金融政策景气突出，科创金融发展颇具氛围

科创金融政策支持力度领跑全国。济南本期科创金融政策支持力度评分167.96分，在36个金融中心城市中高居第1。具体而言，在科创金融政策支持力度较上年变化调查中，高达76%的受访者认为科创金融政策支持力度较上年增强，这一比例远高于36个主要城市的平均值59%；从科创企业层面看，高达67%的受访企业认为政策支持力度增加，高于36个主要城市的平均值63%（见图8.2.1）。

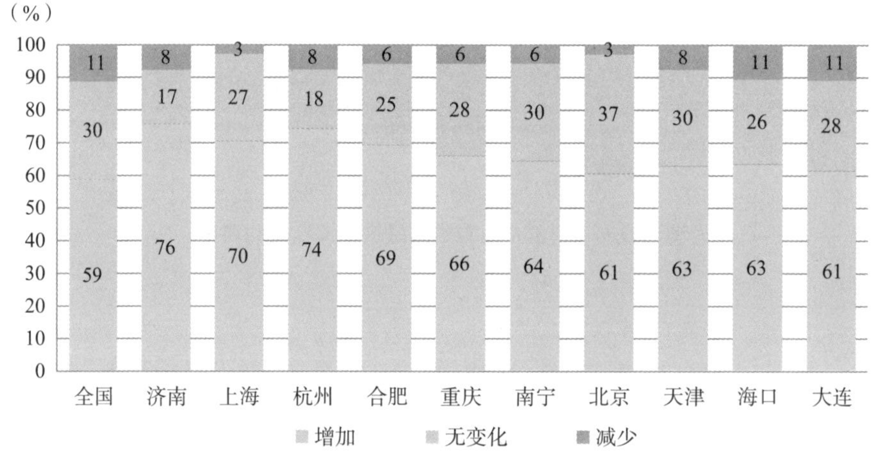

图8.2.1 科创金融政策支持力度较上年变化评分前十强

企业对政策支持力度的感知主要源于济南科创金融改革创新试验区建设以来在科创金融发展领域推出的一系列政策。具体而言，在政府引导基金发展情况调查中，济南问卷评分高居全国第2，仅次于北京，高达59%的受访者认为政府引导基金的支持正在增加，这一比例仅次于北京的63%；在获得政府性融资担保服务情况的调查中，济南问卷评分高居全国第3，仅次于北京和昆明，56%的企业受访者对政府性融资担保发展评价积极，远高于36个主要

城市的平均值45%；在科技保险渗透情况调查中，济南问卷评分高居全国第4，高达67%的济南金融机构认为济南科技保险渗透情况在增加，这一比例明显高于36个主要城市的平均值50%；在综合金融服务平台发展情况调查中，济南问卷评分仅次于北京，高居全国第2，企业的反响尤其热烈，高达72%的济南受访企业对地方金融服务平台评价积极，这一比例高居全国第2（见图8.2.2）。

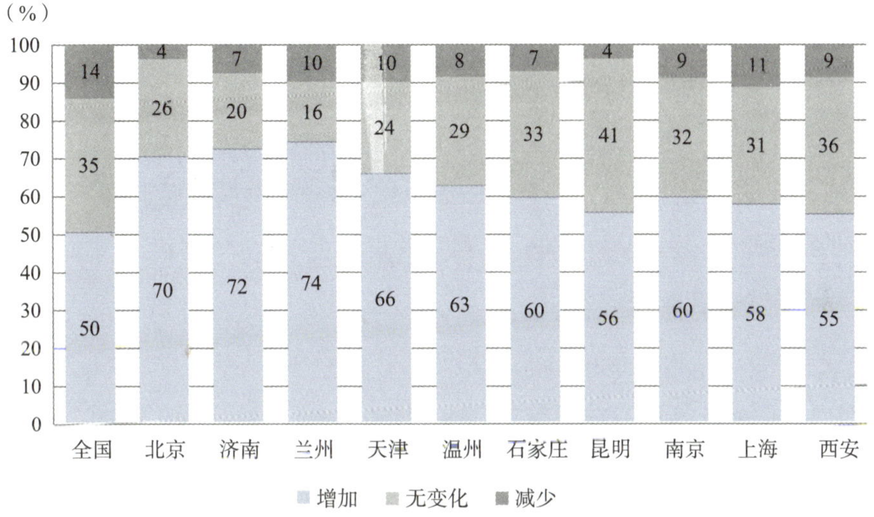

图8.2.2 金融机构对本地科创金融业务市场容量未来发展评价前十强

科创金融创新氛围十分突出。在对科创金融产品业务创新的支持的调查评分中，高达72%的受访者认为济南对科创金融产品业务创新的支持在增加，这一比例高出全国均值22个百分点，在36个金融中心城市中高居第2，这表明随着济南科创金融改革创新试验区建设的持续推进，针对科创金融创新的政策支持正在转化落地。但针对影响科创金融产品创新因素的问卷调查也指明了不少有待提升的方向，例如，高达51%的受访者认为本地优质企业资源少是影响科创金融产品创新的因素，亦有49%的受访者认为专项金融产品服务不够是影响科创金融产品创新的因素，比例均高于36个主要城市的平均值。在金融机构对本地科创金融业务市场容量未来发展评价中，济南评分仅次于上海，在 36 个金融中心城市中同样高居第 2，高达 73%的金融机构受访者看好本地科创金融业务市场容量的发展，这一比例仅次于上海，远超出 36 个主要城市的平均值 47%。

8.3 科创企业投资意愿回落，私募股权投资需求不强

科创企业投资扩大意愿、研发扩大意愿有待提升。在本次受调查的 36 个金融中心城市中，济南科创企业投资扩大意愿排在第 15 位，41%的受访科创企业投资扩大意愿在增加，这一比例虽然高于 36 个主要城市的平均值 38%，但与宁波、南昌、西安等城市高达 50%及以上的比例相比仍有不小差距，同时 18%的受访科创企业投资扩大意愿在减少，这一比例虽然低于 36 个主要城市的平均值 19.83%，但与深圳、杭州等城市小于等于 8%的比例相比有较大差距（见图 8.3.1）。

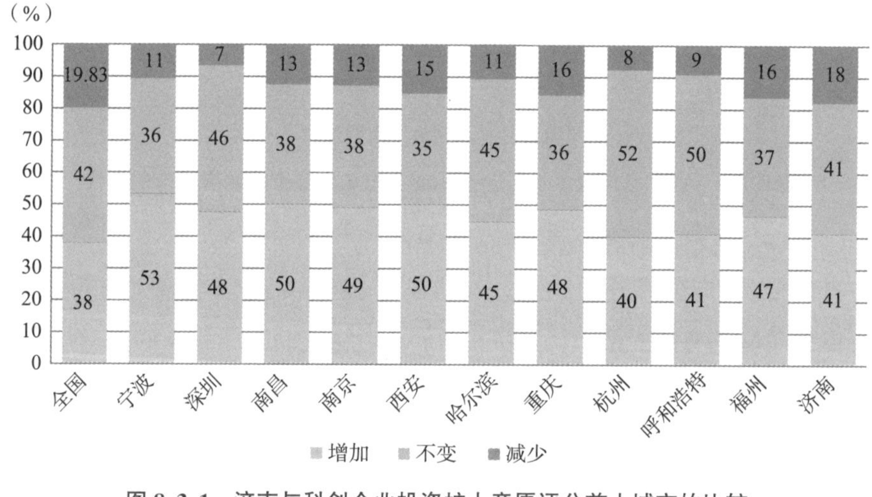

图 8.3.1 济南与科创企业投资扩大意愿评分前十城市的比较

与此同时，济南科创企业研发扩大意愿表现相对更弱，在本次受调查的36个金融中心城市中排在第24位，59%的受访科创企业表示将扩大研发，这一比例低于36个主要城市均值7个百分点，表明济南科创企业自主创新和研发投入活跃度和意愿弱于平均，未来还有待提升（见图8.3.2）。

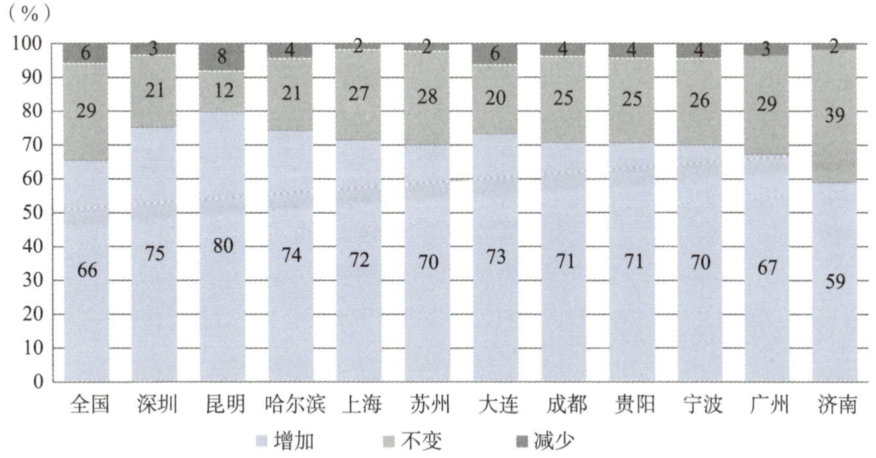

图8.3.2 济南与科创企业研发扩大意愿评分前十城市的比较

私募股权投资需求相对疲弱。在本次受调查的36个金融中心城市中，济南私募股权投资需求变化评分排在第26位，45%的受访私募股权投资机构表示私募股权投资需求变得更高，这一比例略低于36个主要城市的平均值48%，与位列全国第1的北京（79%的受访私募股权投资机构表示私募股权投资需求变得更高）差距明显。私募股权投资的发展高度依赖于科创企业的发展，二者互为因果，济南本地科创企业投资、研发意愿不足，是本地私募股权机构投资需求相对疲弱的主要原因。尽管随着济南科创金融改革创新示范区建设的持续推进，济南在科创金融政策和融资支持方面景气度表现突出，但科创产业的发展和企业的培育并非一朝一夕之功，还需要时间检验（见图8.3.3）。

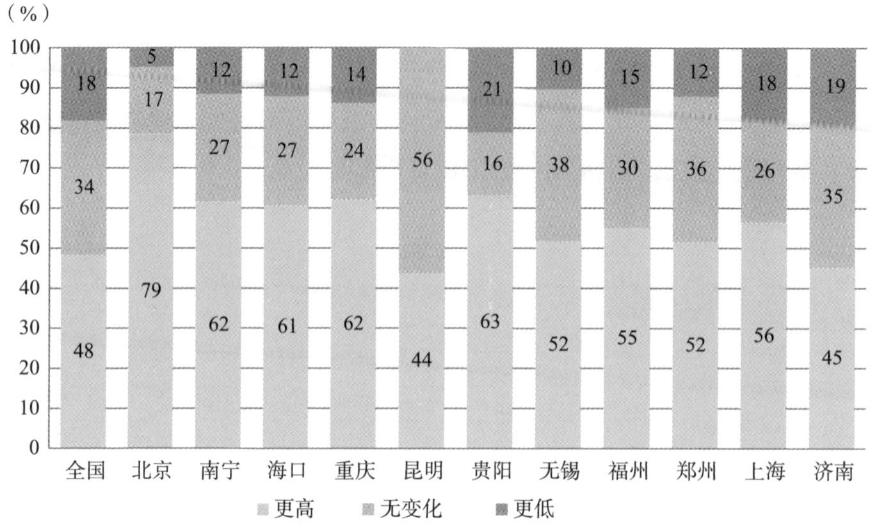

图 8.3.3　济南与私募股权投资需求景气度评分前十城市的比较

8.4　科创产业发展受到认可，科创金融市场潜力提升

济南科创产业发展得到本地受访者高度认可。在本次受调查的 36 个金融中心城市中，济南的本地科创产业发展基础评分和未来发展潜力评分均排在第 4 位，显示出济南本地科创企业以及金融机构对济南整体科创产业发展的认可以及对长远发展的信心。其中，79%的受访者认为本地科创产业发展基础较好，且 88%的受访者很看好科创产业发展前景，这两项比例分别高于全国均值 13 个百分点和 12 个百分点。与此同时，仅 6%的受访者认为济南科创产业发展基础较差，仅 5%的受访者不看好未来发展（见图 8.4.1、图 8.4.2）。

多数受访者认为济南科创发展优势在于科创产业基础好、科创人才丰富和科创支持政策给力。三者认可度均高于 36 个主要城市均值水平，表明存在一定的比较优势。除此之外，科创金融服务好选择比例相对最低，且低于 36 个城市均值 9 个百分点，表明在这方面济南还有较大的提升空间（见图 8.4.3）。

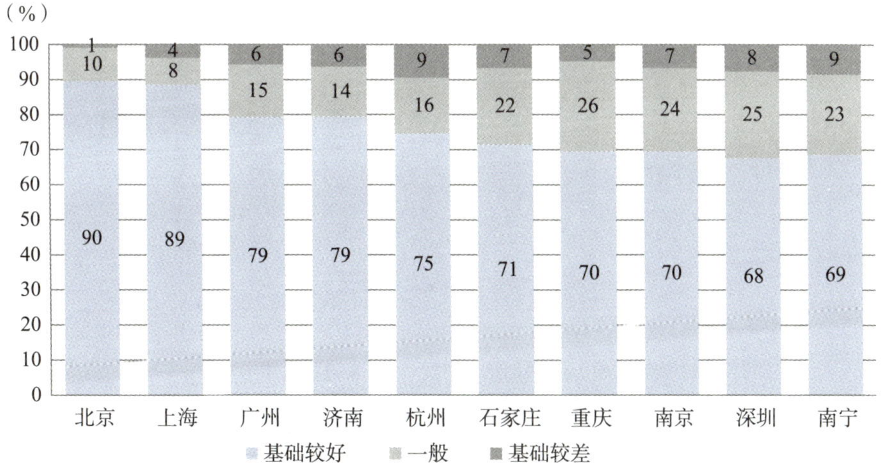

图 8.4.1　济南与本地科创产业发展基础评价前十城市比较

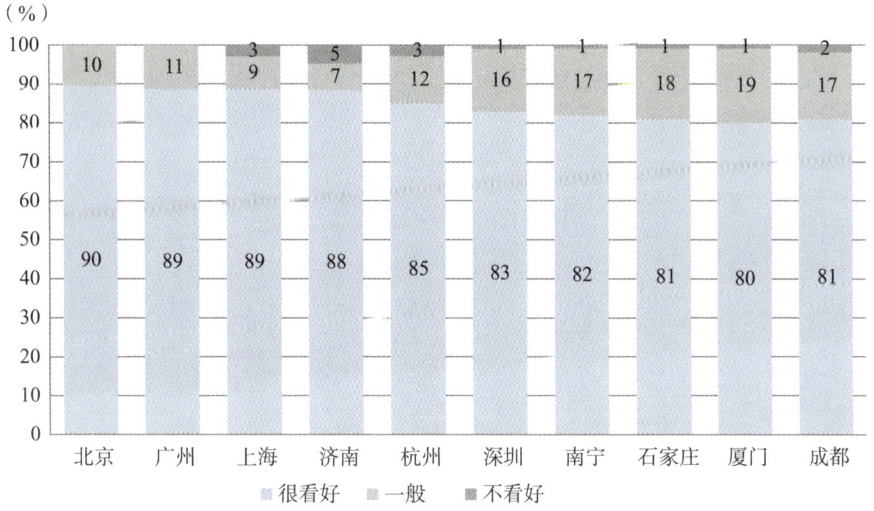

图 8.4.2　济南与本地科创产业未来发展潜力评价前十城市比较

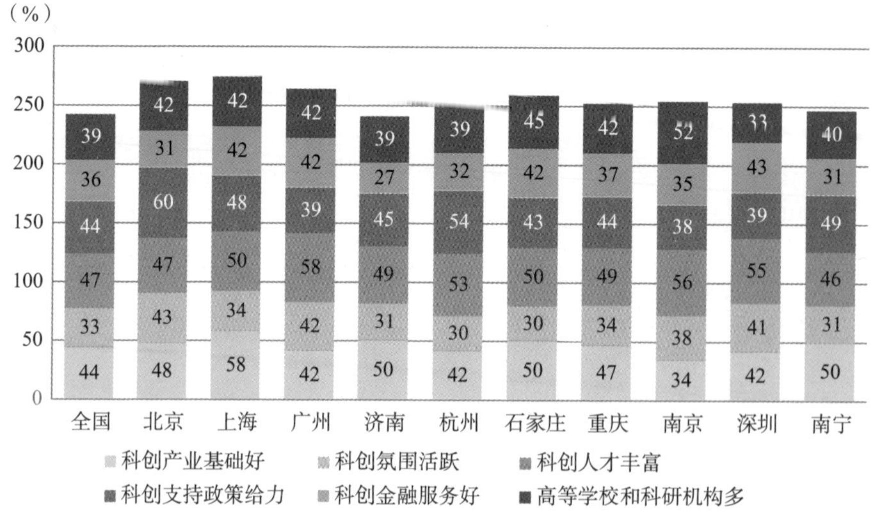

图 8.4.3　济南受访者关于科创发展优势的评价情况

本地金融机构普遍看好科创金融市场业务发展前景。在本次受调查的 36 个金融中心城市中，济南金融机构对本地科创金融业务市场容量未来发展评价普遍看好，整体发展潜力评分排在第 2 位。其中，73%的受访者认为本地科创金融业务未来会进一步增加，这一比例仅次于上海（见图 8.4.4）。

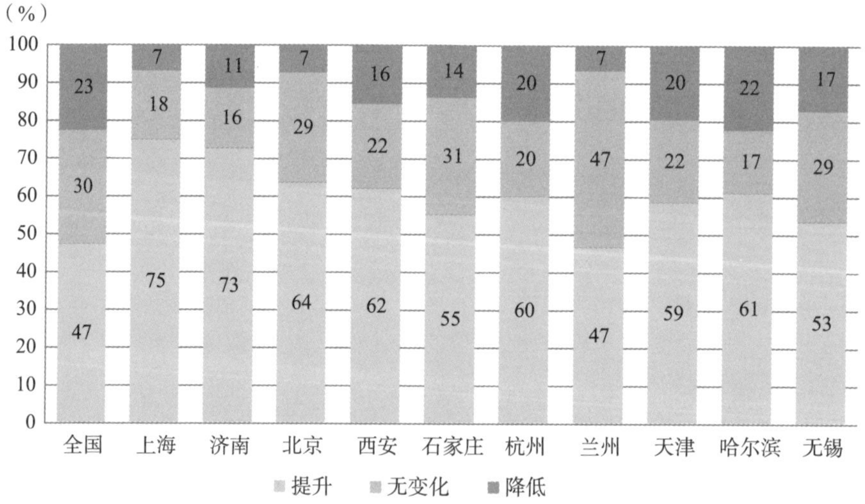

图 8.4.4　部分城市本地科创产业未来发展潜力评价情况

本地科创企业期望政府加强政府性融资担保和政府引导基金方面的支持。在期望地方政府提供支持的调查中，超过一半济南科创企业希望在政府性融资担保和政府引导基金两方面加强支持，两项的选择比例分别达到59%和55%，远高于其他选项。相对来说，本地金融机构的政策期望并没有出现明显分化，各选项比例相对平均，其中扩大扶持政策宣传推广选项的选择比例最高（见图8.4.5、图8.4.6）。

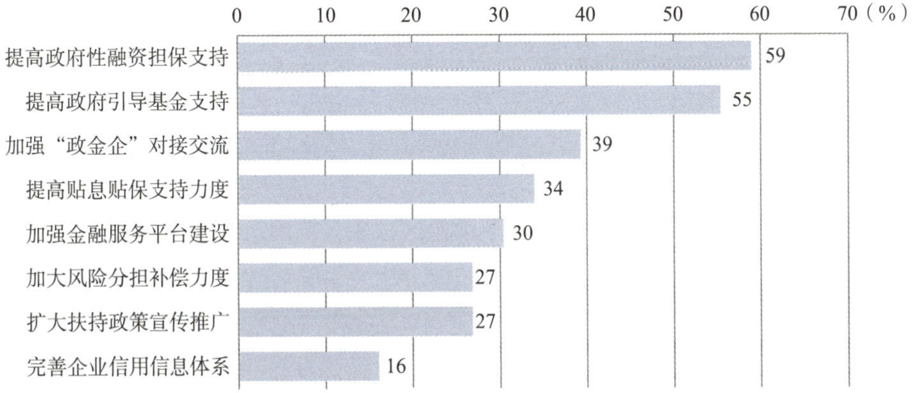

图8.4.5　济南本地科创企业期望本地政府加强支持方面

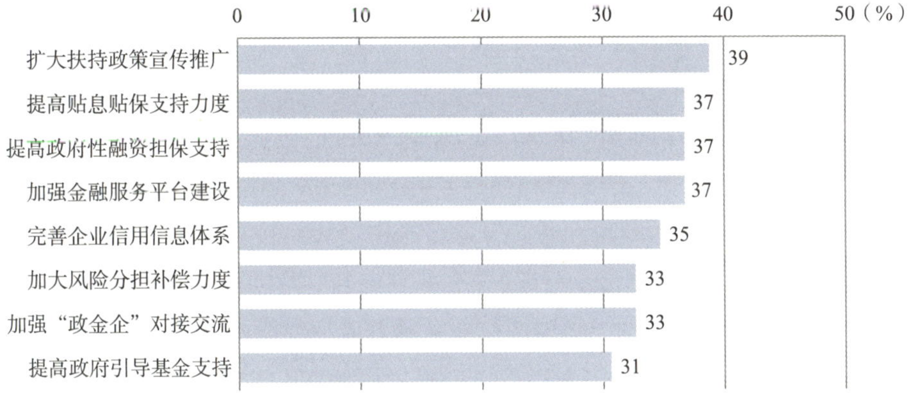

图8.4.6　济南本地金融机构期望本地政府加强支持方面

第九章　服务实体，跑出科创金融改革“加速度”

自获批建设全国首个科创金融改革试验区以来，济南市认真落实《山东省济南市建设科创金融改革试验区总体方案》要求，充分发挥先行先试的优势，积极探索金融支持科技创新的有效机制，取得了显著成效。2023 年，济南市不断完善试验区建设工作推进机制，推动有效市场和有为政府紧密结合，建立“专营机构支撑、专属产品支持、专项政策引导、专家团队服务、专门板块培育、专业载体聚焦”以及“人才团队可作价、信用数据可定价、知识产权可估价、科创企业可评价”的“六专四价”工作体系，积极促进“科技—产业—金融”良性循环。

9.1　财政金融政策联动持续发力

完善金融专项扶持政策。制定出台《济南市建设科创金融改革试验区加快现代金融产业发展若干扶持政策》，在科创金融专营机构落户、科创企业贷款、科技保险、投贷联动、知识产权交易等方面加强财政支持；充分发挥规模 20 亿元的企业贷款风险补偿资金池作用，对符合条件的不良贷款项目最高补偿本金为损失的 50%，对通过首笔贷、纯信用贷、知识产权质押等方式获得的贷款，额外提高 10 个百分点进行补偿，引导金融机构将金融资源向科技创新前端进行配置。积极发挥结构性货币政策工具激励引导作用，累计办理

“央行资金科创贷”97.9亿元，支持科创企业1948家；办理“央行资金科创贴”83.17亿元，支持科创企业896家次。制定出台《关于加快推进金融科技发展的实施意见》，以科技创新引领金融领域技术突破与场景拓展，推动产业创新、监管创新、服务创新，与科创金融改革试验区建设形成良性互动。

推动制定科技金融地方标准。制定出台《科技金融机构建设指南》和《科技金融统计监测指标体系》两项地方标准，为科创金融活动提供必要的技术基础和重要保障。《科技金融机构建设指南》明确了科技企业、科技金融机构、科技支行、科技金融事业部（专营部门）的定义，并提供了建设总则及具体建议，引导银行保险机构提升科技金融服务水平。《科技金融统计监测指标体系》是全国首次尝试，通过全方面、多维度的数据开发运用，全面、准确地反映试验区建设成效，为制定各项政策和工作措施提供了重要参考；指标体系包括12个一级指标、44个二级指标以及若干三、四级指标，涵盖了科创市场、研发机构、研发经费、研究成果等与科技金融发展密切相关的领域。

发挥政府引导基金作用。通过“基金+直投”双轮驱动模式，在科技创新领域设立政府性投资基金68只，规模超过300亿元；聚焦“投早、投小”，加强政府引导基金与头部专业天使投资机构和创投基金管理机构合作，1.5亿元的鲁信天使基金、2亿元的合创天使基金和1.67亿元的源创天使基金等首批天使基金落地组建，有效扩大对早期项目的投资覆盖面。

充分运用货币政策工具。制定印发《关于做好央行资金支持科创企业发展的若干措施》，创设“央行资金科创贷”“央行资金科创贴”以及实施优惠利率等9条具体措施，综合运用再贷款、再贴现工具，设置不低于50亿元的再贷款和20亿元再贴现专项额度用于科创企业发展，引导金融机构加大对科创企业的信贷支持。

9.2　科创金融组织体系不断健全

加强科技金融机构建设。国家金融监督管理总局山东监管局在总局的领导和支持下，率先探索制定科技金融机构建设指引和评价标准，明确十一大类29小项建设要求和8项风险管理流程，引导辖区机构完善科技金融制度机制，加强业务组织管理，提升专业人才储备，提高科技金融专营服务和风险管理能力。积极组织驻济银行保险机构开展科技金融机构评价，2023年共认定科技支行10家、科技金融事业部（专营部门）3家、科技金融特色机构9家，着力构建以科技特色支行为底层基础、以科技支行为中坚力量、以科技银行为终极目标的梯度型科创金融组织体系。通过举办“科技金融机构擂台赛”等形式，组织已认定的科技支行、科技金融事业部进行工作展示评比，全面提升现有科技（特色）金融机构（地方金融组织）服务科技创新能力。印发《济南市科技型地方金融组织建设指引（试行）》，引导小额贷款公司、融资租赁公司等地方金融组织强化科技金融专业服务能力建设。截至2024年，济南已设立科技小贷公司1家、科技保理公司1家。

发挥私募股权基金专业优势。积极搭建企业与股权投资机构合作平台，打造“海右”路演和“齐鲁企舞”路演投融资品牌，高频密集开展科技项目（企业）路演和产融对接活动，推动社会资本特别是私募、创投等股权投资机构与科创企业深度对接交流。2023年开展“海右”路演系列活动30余场，参加企业960余家，实现股权和债权融资近2亿元。积极开展创业投资示范载体建设，4家载体分别获评省级创业投资集聚区、创业投资综合服务基地、创业投资领军企业、优秀创业投资团队，获评数量占全省的1/5。

专栏：济南本地银行科技金融机构建设成果

工商银行、建设银行均在省级分行层面成立科创金融服务中心。

本地法人银行齐鲁银行、莱商银行均成立科创支行，齐鲁银行在总行成立科创金融管理部，统筹推动全行科创金融专业机构建设，对下辖科创支行进行特别授权，下放单户500万元以下贷款审批权限，并授予科创支行单独定价权，设立单独的考核指标体系，弱化传统支行存款、利润等指标。截至2024年，齐鲁银行科技支行已累计发放科技贷款超10亿元。

日照银行济南分行组建科创金融服务中心，在审批模式上专门组建投决会小组对科创贷业务进行审批，区别于传统审批模式，业务流程大大缩短。

威海市商业银行重点在科技资源集聚的济南高新区打造科创金融特色支行，建设科创金融团队。

北京银行济南分行为科创信贷业务配置专业化团队和人员，并出台专项激励考核措施，推出以知识产权质押的“智权贷”、信用贷款“融信宝”等50余种科创金融特色产品。

浦发银行科技特色支行举办科创金融专属服务方案发布会，持续加大对重点行业、重点项目、重点企业的支持力度，全面落地科技金融服务新模式。

9.3 科创金融产品服务创新升级

丰富科创信贷产品。引导金融机构推出“科创贷”“投联贷”“科融贷”“北交所科技上市贷”“瞪羚科技贷”等74项科创企业专项信贷产品，实现融资支持116亿元。加快构建涵盖“人才贷”“人才担”“人才投”等专属产品的“人才有价”金融创新体系，“人才贷”累计备案金额7.49亿元。创新人才评估定价“四CAI”模型（即才能信息、财富信息、出彩信息和采集信息），为全市260万人才赋予身价，开发“人才身价贷”等金融产品，2023年实现人才授信超过2.5万户，授信额度达27亿元。

发挥科技保险优势。推动保险机构开展创业保险和高层次人才保险试点，开发“创业企业研发设备损失保险”“研发责任保险”“高层次人才人身保障保险”等7个主险品种及附加保险品种，市财政给予最高100%的保费补贴。截至2023年末，共为17家人才企业承保，总保费257.23万元，总保额达16.43亿元；通过首台（套）重大技术装备及关键核心零部件、首批次新材料、首版次高端软件保险等产品累计提供风险保障9.15亿元。

增强科技融资担保能力。设立科创融资担保专营子公司，相继推出“科创快贷”“科创易贷”“科创项目贷”“科创技改贷”“科创攀登贷”等“济担—科创贷”系列化担保产品，通过“预授信+白名单”模式，满足各类科创型企业差异化融资担保需求。截至 2023 年末，支持科创贷款在保额 38.82 亿元，在保 2251 笔。

活跃知识产权交易。发挥全省综合性金融资产交易平台功能，加快建设知识产权交易市场，围绕知识产权评估、定价、托管、挂牌、交易、拍卖业务，开发知识产权挂牌系统，吸引高校科研院所、企业、服务机构汇集，搭建知识产权交易生态圈。不断扩大知识产权质押融资规模，2023 年组织知识产权质押融资入园惠企活动 95 场次，惠及企业 1500 余家，完成专利质押登记 1089 笔、融资金额 79.55 亿元，同比分别增长 110.64%、160.39%，均居全省首位；"知识产权质押融资闭环式管理服务模式"入选全国首批知识产权质押融资典型案例。

大力推动产品推广。汇总梳理全市 23 家银行机构的 32 项科技型企业专项信贷产品，形成《济南市科技型企业金融产品汇编》，实现产品"大集中"，向全市科创企业推介。开展科创企业首贷培植行动，筛选确定有潜力、有市场、有前景、有融资需求但尚未获贷的科技创新型企业，建立科技创新型企业首贷培植名单，指导银行机构按照"一企一策"原则，有针对性制定财务管理、信贷支持等综合培植方案，提高科创企业首贷获得率。

9.4 科创企业资本市场融资渠道有效拓宽

支持科创企业挂牌上市。全力实施上市后备资源培育"荷尖行动"，重点培育 3 年内能达到上市辅导标准的企业，提供各类要素、政策支持及专班专员服务。完善与各大证券交易所对接机制，充分依托上海证券交易所、深圳证券交易所、北京证券交易所及全国股转系统山东服务基地，加强企业上市培训辅导，构筑资本市场专业服务生态。支持齐鲁股权交易中心建设全国首批区域性股权市场"专精特新"专板，入板企业达到 267 家，实现融资超过 10 亿元。加快筹建"齐鲁科创板"专板，健全未上市科技公司股权集中托管、质押、转让等配套制度。试验区获批以来，全市新增上市科创企业 11 家。

支持科创企业债券融资。紧紧抓住银行间市场交易商协会推出科创票据契机，推动山东黄金集团成功发行省内首单科创票据，同时也是全国首单实现科创票据和可持续挂钩双贴标的中期票据，助力公司创新发展；中信银行济南分行落地全国首批转型债券（山东钢铁），并且是全国首批项目中唯一一笔永续类债券，支持传统行业绿色低碳转型。截至 2024 年，4 家企业发行科创票据 13 笔，实现融资 136 亿元；6 家企业发行科技创新公司债券，实现融资 158 亿元，同比增长 243%。

支持资产证券化产品创新。省内首单基础设施公募 REITs 中金山东高速 REIT 在上海证券交易所上市，首募规模 29.85 亿元；国泰租赁成功发行省内首单绿色低碳转型挂钩 ABS 产品、首单融资租赁绿色 ABS 产品，发行规模分别为 9.8 亿元和 8.43 亿元。

创新重大科技载体建设融资模式。充分发挥政策性金融优势，农业发展银行加强与“中国算谷”项目对接，拟投放 11 亿元用于园区公共服务设施建设，目前已完成投放 2.5 亿元。深入探索科技园区债权类资产证券化，“齐鲁软件园资产支持专项计划”在上海证券交易所成功发行，省内首单科技园区 CMBS 项目实现落地，本期专项计划发行总额 7 亿元，期限 18 年，最终发行利率 4.4%，以物业租金收入为还款来源，采用“信托+专项计划”双层结构设计，有效拓宽了高科技园区载体融资渠道。全面提升新型研发机构金融服务水平，联合山东产业技术研究院组建济南产研中翔创投基金，依托山东产业技术研究院科技成果和项目资源优势，以管理人专业的投资能力为支点，重点支持济南市高精尖产业发展，实现重大技术成果转化和落地济南。

9.5　科创金融重点片区“硬核两极”实现突破

打造中央商务区（CBD）增长极。在历下区 CBD 规划建设占地 53 亩、建筑面积 20.9 万平方米的科创金融主题园区，打造山东省科技金融增信服务平台、全省唯一的“四合一”（上海证券交易所、深圳证券交易所、北京证券交易所和全国股转系统）资本市场服务山东基地等阵地，围绕“评、保、贷、投、易”五大环节，构建“1+6+N”科技成果转化平台，累计挂牌高校、科研院所知识产权 120 宗，挂牌金额 9996.76 万元，成交 133 宗，成交金额 9606.66 万元。累计引入合作基金管理公司 17 家、基金 56 只，注册资本约 330.22 亿元，管理规模约 309.75 亿元。完成山东省工业高质量基金、济南金融科技基金等 9 只基金的组建、落地等工作，基金总规模 67.7 亿元，已完成设立子基金 6 只。成功举办“山东好成果科技新动能”等多场路演活动，帮助企业与多家创投机构和银行达成多项投资意向。

打造中央科创区（CTD）增长极。在济南高新区 CTD 打造省级创业投资集聚区，建设“园区通”科创金融智慧服务平台，为企业提供全方位、一站式的科创金融服务。推行“园区+DVC（园区风险投资）”“链主企业+CVC（企业风险投资）”模式，推广“科创经纪人”机制，以大数据、云计算、生物医药等行业为主赛道，打造“科技+金融”双核联动的“科技成果转化平台”。联合省级国有投资平台组建科创产业投资基金、科创产业发展基金等，总规模超 40 亿元。其中：联合山东国投公司成立国投高新科创产业投资基金，基金总规模 10 亿元，投资主要面向战略性新兴产业及高新技术企业；会同山东铁投组建山东铁投高新科创产业基金，总规模 10 亿元，聚焦高端装备制造、新能源新材料、数字经济等领域。

专栏：济南“科创经纪人”机制

“科创经纪人”模式是由济南高新控股集团有限公司与中国科学院苏州医工所联合创立的科技成果转化模式，最早于 2021 年推出。该模式以市场需求为导向开展项目研发和科技攻关，广泛对接创新资源、吸引龙头企业参与，提高科技成果产业化的精准性和成功率，聚焦市场需求，进行“合约化”立项研发，从科研机构筛选成熟科研项目，匹配科技金融服务链，推进科研成果产业化，实现科研项目和金融赋能深度匹配融合，打造全链条、全周期的“科技成果转化平台”。主要做法包括：

（1）科技研发合约化。对照项目研发全流程，综合运用银行、创投基金、融资担保、小额贷款、融资租赁、科技保险等金融工具，打通“评估、担保、贷款、投资和交易”等关键环节，以“科技+金融”赋予早期技术研发以期货属性，形成科技成果研发的合约化产品，保证技术研发和市场化转化成功率，为资本介入前期研发开辟通道，促进金融、科技、产业深度融合、协调发展，未来可在济南实现科技成果期货（产权）交易的集聚发展。

（2）工程化研发。工程化阶段是以项目为核心，通过产品的二次开发、优化设计，将经过原理验证的专利技术和样机转化为功能完整、性能优良、批量生产的工业化产品，形成量产交付物，解决了原始创新端的专利技术无法直接量产与成果应用端企业只要具备批量生产要素工业化产品之间的供需矛盾。

（3）构建全要素科技孵化体系。通过提供标准厂房，解决高科技企业土地、厂房投资过大问题；通过融资租赁解决高科技企业生产设备购置问题；通过组建市场化基金，解决高科技企业经营流动资金需求问题。

9.6　科创金融生态环境全面优化

加快金融科技发展。扎实推进数字人民币试点，实现主要场景数字人民币支付全覆盖，落地全省首个数字人民币就医全渠道支付场景、全省首笔数字人民币科创金融贷款业务。截至 2023 年末，全市共开立数字人民币钱包 264.34 万个，交易金额 74.24 亿元。获批资本市场金融科技创新试点，完成首批 29 个项目征集和方案申报工作。引导本地法人银行机构深化金融科技底层技术创新，构建“资金流”“技术流”“人才流”多元融合的科创企业授信评价体系，实现知识产权和人才在金融领域的信用化、数字化。工商银行依托自主金融科技平台，在同业首创推出科创企业专属评级授信模型，优化科创企业评价维度，2023 年工商银行济南分行利用科创企业专属评价模型，提升科创企业准入率 28%。依托济南市大数据一体化平台，建设全市统一的融资服务平台即“泉融通”平台，获取市场监管、社保等政务数据，为科创企业提供高效融资服务。截至 2024 年，“泉融通”平台吸引 100 家金融机构

（地方金融组织）入驻，上架320款金融产品及服务，累计授信42.24亿元，累计放款41.74亿元。

打造专业服务团队。印发《济南市推进金融辅导员+科技辅导员工作实施方案》，建立科技辅导员专家库，全面推广“金融辅导员+科技辅导员”的“专员+专家”服务模式，在济南临空经济区、济南生命科学城等科技园区设立科创金融＆知识产权辅导站，搭建科创企业“融资+融技+融智”三位一体服务格局。截至2023年末，全市223支金融辅导队、152名科技辅导员累计帮助3110家企业解决贷款711.42亿元。

加大试验区宣传力度。成功举办以“金融赋能科创未来”为主题的2023济南科创金融论坛，发布首期中国城市科创金融指数，30余家主流媒体和财经媒体对论坛进行宣传报道，各大网站客户端点击量突破1亿人次。加强科创金融信息统计。印发《关于建立科创金融改革试验区统计监测指标体系的意见》，从科技创新和金融运行两个维度建立科创金融改革试验区统计监测指标体系，按季度对试验区建设成效进行监测评价。营造良好的生态环境。协调齐鲁、泉城等公证处和金融机构建立联席会议制度，推广“诉前调解+赋强公证”新模式。在行政审批、公共资源交易、财政资金补贴、资质资格认定等工作中全面开展信用核查，依法依规对严重失信主体实施联合惩戒。出台《济南市非法集资举报奖励办法》，依托山东省“金安工程”强化对科创金融风险领域的监测、研判和预警，构建市、区县（功能区）、街道（镇）三级联动防控网络，提升“治数”“用数”能力，消除金融风险隐患。济南“泉城阿姨”金融卫士志愿服务团事迹获中央电视台专题报道，成为济南“防非打非”工作领域一张亮丽的名片。

第十章　创新驱动，践行科创金融改革“济南担当”

济南市自获批建设全国首个科创金融改革试验区两年多以来，充分发挥先行先试优势，以创新为驱动，积极引导全社会参与试验区建设工作，试验区建设取得阶段性成效。各级各类参与主体在践行科创金改使命担当过程中，逐步涌现一批有代表性和特色经验的案例，为实现“科创+金融+产业”的融合模式逐步向纵深发展，贡献了有益经验和参考。

10.1　创新科创金融产品服务的要素支持

10.1.1　创新科技研发的金融产品支持

科技研发项目由于周期长、风险高、不确定因素多、未来收益难以预测，一直以来没有获得商业银行的广泛支持。齐鲁银行积极发挥科技金融优势，针对当前各类科研主体缺乏市场化程度高、产品政策灵活、适用范围广泛的授信产品的业务痛点和难点，结合研发项目实施特点、研发项目资金用途、行业类型及研发主体类型设计了科研贷产品。

自科研贷产品推出以来，已投向市场近一年，科创企业客户反映良好，已累计贷款企业 361 家，累计贷款金额 26.08 亿元，不良率为零，实现了又好又快发展。在科研贷已批复授信企业中，其中期限在 3 年及以上的中长期贷款占比达到 30%，有效降低企业在科技研发进程中因频繁周转资金增加的资金成本；另外，科研贷已批复授信企业贷款平均利率为 4. 14%，较全行业公司贷款平均利率低 0. 69 个百分点，有效节约了企业融资成本。

齐鲁银行的创新做法包括：

（1）扩大产品覆盖群体。科研贷产品面向高等院校、医院、科技型企业、研发机构、科研院所、科技创新平台等各类科研主体，适用客群广泛，产品的市场适配度更高。

（2）创新贷款品种。结合科研项目特点，将科研贷定义为无形资产贷款，纳入固定资产贷款范畴管理。一方面，科研项目研发周期差异化较大，例如，基础研究项目及医药领域研发项目，研发周期一般较长，可达 5~10 年，科研贷贷款期限可达 10 年，优质项目还可酌情突破，能够为科研项目提供长期稳定的资金支持；另一方面，为解决中小微企业科研项目融资需求，科研贷不按照项目贷款要求对外部立项等相关审批流程做强制性规定，满足大中小微各类市场主体科技创新融资需求。

（3）采用灵活多样的担保方式。科技研发类项目与传统项目的区别在于，除传统项目贷款的担保方式外，科研贷还可采用信用、知识产权质押、保证等担保方式。另外，科研贷还支持将科研项目本身在未来预计产生的无形资产、固定资产作为担保品进行质押，解除了科研项目融资的后顾之忧。

（4）拓宽贷款使用范围。科研贷突破传统业务模式，在贷款用途方面充分考虑科技型企业研发投入的不同需求，支持科研人员经费、委托开发费用、科研项目启动费、实验室建设等多种资金用途。

10. 1. 2　创新开发“济担—攀登贷”银担合作产品

济南融资担保集团协同 17 家驻济合作银行，通过纳入政府性融资担保分险体系，用活用好“国家—省—市—区”四级分险，研发推出“济担—攀登贷”专项贷款产品，助力济南市民营经济局惠企政策转化为市场化产品。根据规定，经济南市民营经济局审批符合相关政策要求的担保贷款业务，在单户每年 5000 万元担保贷款额度内，按实际贷款期限享受年化利率 1%的利息补贴和年化担保费1%的保费补贴。截至2024年6月末，“济担—攀登贷”产品支持的科创贷款在保额达到了45.59亿元，在保1804笔。

主要创新做法包括：

（1）快速推进政策产品化。济南融资担保集团主动对接职能部门政策，推出“济担—攀登贷”等担保贷款专项产品，对担保对象、担保额度、审批模式、贷款利率、保费收取等产品要素进行规范，与合作银行签订《专项产品合作协议》，将惠企政策整合转化为市场化金融产品，形成政策引导、市场参与、财金联动、效应叠加的良好效果。

（2）推进业务运营标准化。建立健全标准体系，制定《攀登贷专项产品业务操作指引》，完善对“济担—攀登贷”担保业务全流程规范化管理，明确尽职调查、业务审批、合同签署、保后管理、利息补贴等各业务环节审核要点，构建职责明晰、流程顺畅、操作规范的标准化作业机制，提供精准“一对一”服务，将数字化风控与合规性审批相结合，优化审批流程，提高审批效率和业务质量。

（3）推进业务数字化。积极推进担保“掌上办”“线上办”“信用办”，努力打造产品丰富、方便快捷、流程简化的数字担保服务体系。深入担保场景开展数字化应用创新，研发推出“济担直通车”客户端，民营企业和政府部门可登录查看业务进度，实现担保业务“掌上办”。打通银担数据交互壁垒，实现业务全程“线上办”。整合政务数据、业务数据及三方数据，纾解银企信息不对称问题，减少对其他担保措施及抵质押物的依赖，实现攀登企业担保“信用办”。

（4）推进风控专业化。推动全面风控、全员风控、全程风控，建立分级授权机制，根据“额度越大审批环节越多、流程自下而上不倒流”的原则，设置独立审批岗、风险复核岗、线上线下评审会等差异化审批流程，在业务量高速增长的同时，代偿率保持较低水平。

10.1.3　创新推出高层次人才人身保障保险

2022年以来，济南市持续推动保险机构开展高层次人才保险试点。济南市高层次人才创业保险试点工作的创新性在于将金融保险服务与科技创新型企业需求相结合，打造了一套全方位、全周期的保险方案，促进了科技创新与产业发展的良性循环。截至 2023 年末，济南地区的保险机构共为 17 家人才企业承保“高层次人才人身保障保险”业务，业务总保费达 257.23 万元，总保额达 16.43 亿元。其中，中国人民财产保险股份有限公司（以下简称人保财险）济南市分公司作为该试点项目的主承，从推广宣传到方案定制承保再到补贴申领全程负责跟进，做到了保险服务与政策支持的有机结合，该项业务处于行业领先地位。具体创新做法和亮点包括：

（1）定制化设计保险方案。项目提供针对科技创新型企业特定风险的保险定制方案，覆盖从研发到成果转化、创业全过程，为企业提供个性化、精准的保障服务，最大限度地降低创业风险。

（2）集成政策补贴支持。创新性地将金融支持政策与人才创业保险相结合，首次提出对创业人才企业进行保险补贴，充分发挥了政策的激励作用，为企业提供全生命周期的服务保障，助力其持续发展。

（3）个性化服务方案。通过加强与人才企业的沟通，根据企业特点定制合适的保险方案，提升了服务质量和企业满意度。同时，加强承保理赔服务，保障企业在各自领域的持续、健康、有序发展。

（4）构建专项组织保障。为更好服务济南人才企业，人保财险济南市分公司成立科创保险专营机构，由科创金融改革试验区领导小组认定“科技金融事业部（专营部门）”，公司择优配置具备保险、银行、证券、基金等金融背景或工作经验的人员担任相关管理及服务人员，具体负责人才企业相关险种的承接承办，及相关保险政策的落实、创新、孵化、转化，对承保人才保险项目研发、推广、应用等环节提供事故预防、风险保障和损失补偿。

10.2 优化科创金融多元服务的模式支持

10.2.1 创新“金融辅导+科技辅导”服务模式

济南市紧紧围绕济南科创金融改革试验区建设，持续健全完善“政产学研金服用”协同机制，在山东省首创了“金融辅导员+科技辅导员”服务模式，推动人才下沉、科技下沉、资金下沉，共同为全市科创企业提供多元化、全要素的辅导与管家服务，实现“融资+融技+融智”一站式服务功能，助力科创企业发展及新质生产力培育。截至2024年6月末，济南全市已形成235支金融辅导队、152名科技辅导员的专业服务团队，累计帮助3121家企业解决贷款711.69亿元。

主要创新做法包括：

（1）创建“金融+科技”辅导工作体系。济南市金融办联合市科技局、市科协印发了《济南市推进金融辅导员+科技辅导员工作实施方案》，明确了科技辅导员“入企调研、协助政策宣导、协助技术服务、协助技术创新、协助技术引进、助力企业融资、助力金企合作”七项工作职责及“建立工作协调机制、建立人员选拔机制、建立双向需求响应机制、建立全过程服务机制、建立督导评价机制”五项重点任务，从为企业提供单一信贷服务向金融、科技等综合性金融服务延伸。

（2）建设“专员+专家”专业工作队伍。建立科技辅导员专家库，从重点院校、科研院所、行业领军企业及科创企业遴选组建科技辅导员队伍，全面推广“金融辅导员+科技辅导员”的“专员+专家”服务模式。同时，济南召开全市金融辅导工作座谈会，专题安排部署“金融辅导+科技辅导”工作，并为科技辅导员代表颁发了聘书。

（3）打造“金融+园区”管家品牌。依托山东省开展的“金融管家”试点工作，聚焦产业园区，在园区建立综合性金融管家服务团队，为高新技术企业、瞪羚企业、“专精特新”等科创企业提供专属“管家”服务，打造“有事找管家、件件有着落”特色金融服务品牌。济南在临空经济区、济南生命科学城、高新区等科技园区设立了一批科创金融&知识产权辅导站，由金融管家专属服务团队开展资本市场培训、“股+债”融资对接、惠企政策宣传等多元化金融服务。

（4）搭建“金融+科技”专属平台。依托济南市“海右”路演品牌，举办“金融辅导+科技辅导”的专场路演，搭建了高层次人才企业及双创企业融资服务和科技服务需求的桥梁，帮助济南优质辅导企业打通投融资渠道。2023 年以来，济南先后举办政府引导基金新兴产业专场、驻济高校科技成果与企业供需对接会、科技型中小企业项目融资需求对接会、泉城青年科创人才交流会等专场活动 59 场，服务科技企业与驻济高校 800 余家。

10.2.2 构建“知识产权+金融”综合服务体系

山东齐鲁知识产权投资运营有限公司（以下简称齐鲁知产）以知识产权质押融资为切入点，创新“知识产权+金融”模式，通过整合资源、多方协作，研发“智能化知识产权价值评价系统”，构建“评、保、贷、投、易、法、券”七位一体知识产权服务生态体系，充分发挥自身金融与科技成果转化相融合的催化带动作用，在知识产权投融资服务方面形成了一系列创新成效。

2021—2023 年，齐鲁知产累计协助济南市完成专利权质押融资笔数 1836 笔、融资金额 135.8 亿元，2023 年全年完成专利权质押融资笔数、融资金额分别同比增长 110.64%和 160.39%。同时，企业知识产权融资成本大幅降低，通过专利权质押获得贷款的企业，经省、市两级资助政策叠加，最大可将专利权质押融资成本降低至零，目前已为企业成功发放知识产权质押贷款补贴 4100 余万元。

具体创新做法包括：

（1）政策创新强化激励引导。制定《济南市知识产权运营服务体系建设专项资金管理办法》《济南市知识产权强市示范城市建设财政资金使用管理实施细则》，明确规定企业通过专利权质押获得贷款并按期还本付息后，可申报质押融资项目扶持资金资助，实现支持企业类型全覆盖和融资成本（包含利息、保险、评估、担保等融资费用）全覆盖。

（2）政府补偿增加提振银行放贷信心。将知识产权质押融资风险补偿纳入全市风险补偿资金池和人力资本风险补偿金，其中对符合规定的因知识产权质押方式所产生的不良贷款，补偿标准较其他类型项目再提高 10 个百分点，增强银行推行知识产权质押融资的信心。

（3）平台支撑完善生态优化服务。推动成立知识产权服务联盟，成员涵盖商业银行、担保公司、保险公司和知识产权服务机构，通过多方协作，形成贷款、担保、保险、中介和政策激励相捆绑的质押融资一站式服务模式。以知识产权质押融资为抓手，设立知识产权托管服务机制，依托知识产权托管服务机构，深入园区、企业和金融机构基层网点精准对接，为知识产权对接金融资源搭建互信桥梁。

（4）标准引领开展智能化评估。发布《知识产权评估规范》团体标准，通过“法律价值”“经济价值”“技术价值”三个维度、20余项二级指标、80余项三级指标，可量化实现“质量评价”与“价值评估”的有机融合。研发智能化知识产权价值评价工具，建立并上线运行知识产权价值评价系统，客观公允对专利进行评估评价，一键导出价值分析报告，解决知识产权评估难的关键问题。

（5）联动园区提效能。出台《济南市知识产权质押融资入园惠企行动方案》，组织质押融资需求企业和金融机构开展知识产权服务会客厅、入园惠企公益讲座、知识产权赋能惠企云课堂等知识产权质押融资入园惠企活动。深度参与济南高新区“园区通”科创金融智慧服务平台内容建设与服务运营，通过园区通平台，打通企业、交易中心、银行、保险、市场监管局、园区通之间的信息流，实现知识产权质押融资批量化、规模化发展。

（6）联动金融机构开发产品。研发知识产权价值评价系统，获得相关合作金融机构认可，为金融机构后续围绕创新型企业需求量身打造科技金融产品提供有益参考和支持。

10.2.3　打造“专精特新”企业三全服务体系

“专精特新”企业是我国经济高质量发展的关键基石，对增强产业链供应链稳定安全具有至关重要的作用。工商银行济南分行深入研究“专精特新”企业特点，探索个性化服务内容和方式，靶向定位企业需求，精准发挥专业优势，打造了全生命周期、全要素资源配置、全惠企政策保障的“专精特新”企业三全服务体系。

近3年来，工商银行济南分行“专精特新”贷款余额由2021年末的8.73亿元增加至2023年末的17.2亿元，净增8.47亿元，增幅97.02%，呈逐年快速增长态势；有贷户规模稳步增长，近3年实现增幅61%。截至2023年末，工商银行济南分行“专精特新”企业贷款余额17.2亿元，较年初净增5.1亿元；“专精特新”企业有贷户201户，较年初净增46户。

主要创新做法包括：

（1）构建专项工作机制。制定了“专精特新”企业贷款专项目标和考核办法，针对“专精特新”企业制定差异化尽职免责制度，充分保护全流程展业人员的积极性。适当提高“专精特新”企业不良率容忍度，对不超出容忍度标准的支行，在评估无道德风险、操作风险后可对相关人员视情节从轻、减轻直至免予处理。

（2）建设专属工作团队。通过“大兴调研”为客户经理提供企业成长特点、发展阶段、风险提示、融资建议等，培养拥有趋势研判能力的稀缺型科创金融人才，打造“善营销、精风险、勇创新”的前、中、后台一体化科创金融队伍。

（3）建立多层次研判机制。针对“专精特新”企业及其行业“看不准”的特点，利用专班机制、云审议等适时切入、联合问诊，研究业务可行性并给予专业性的指导意见，从实做好“专精特新”企业的攻坚工作；打通“泉融通”平台数据共享渠道，利用政府部门、公共服务等多维度数据，精准绘制客户全景视图。

（4）利用科技赋能金融服务。以对公数字金融平台为基础，向“专精特新”企业提供优质数字金融服务，并聚焦“专精特新”高质量发展战略部署，积极探索专属版本、专建生态、专享优惠等赋能机制，构建具有自身特色的“专精特新”产业集群数字金融服务体系。

（5）构建全面惠企政策保障体系。优化“专精特新”企业信贷服务模式，在企业无须提供材料的情况下，通过行内外信息搜集及交叉验证，为企业直接核定授信额度，高效提升金融服务精准性、扩大金融服务覆盖面。不断加强对“专精特新”企业的中长期融资支持，配置专项信贷资金全力支持保障“专精特新”企业纾困解难资金需求。

10.2.4　构建“青馨智汇”科创金融服务体系

青岛银行济南分行通过实施“青馨智汇”科创金融服务体系，为科创企业提供了全方位、全周期的金融支持。从贷款投放情况来看，截至2023年末，全行普惠贷款余额达338.46亿元，较年初新增67.21亿元，增速高达24.78%，这一增速高于全行各项贷款增速；济南分行普惠贷款余额为24.47亿元，较年初新增11.21亿元，增速高达84.54%，实现了普惠业务更快发展，显示出科创金融业务的强劲增长势头。其中，“科创易贷”“科创快贷”“人才快贷”等特色科创金融产品的发放量也呈现快速增长的态势，合计笔数达到355户，截至2023年末，业务余额分别达4.57亿元、0.93亿元、3.32亿元，对科技企业尤其早期、小规模科技型企业支持力度持续增大。

具体创新做法包括：

（1）创新全生命周期金融产品。“青馨智汇”科创金融服务体系，从模式、机制和产品创新三个维度入手，从早期的开户服务，到中期的资金结算、信贷支持，再到做大做强后的综合金融，已推出六大系列20余款科技金融特色产品。如全国首创的“专利权质押保险贷款”，运用大数据技术推出的“科创易贷”业务，对拥有高层次人才的优质科技企业的“人才倍增贷”业务，针对科创企业科技成果转化的“科创快贷”业务等，构建起分层分类、覆盖企业全生命周期的梯队式培养模式。

（2）打造科创金融生态圈服务模式。深入开展“走近科企、了解科企、支持科企发展”等特色主题活动，搭建多层次营销触达管理体系，“青馨智汇”企业家服务平台计划通过线上微信交流、线下组织学习、开设青馨企业家学堂等方式，聚焦五大增值服务、五大权益活动；通过借助总行资源、行业客户资源、企业赞助等方式，充分发挥资源整合者服务作用，扎根本地，助力企业发展，助力济南分行创新科创金融服务。

（3）强化信息技术和金融科技应用。在积极探索先进的科创金融服务中，通过“金企通”大数据平台为各分支机构提供精准科技企业画像，推出无抵押贷款“科创易贷”业务，构建企业信用综合评价体系，支持全省科技企业科技研发、成果转化或产业化的便捷化贷款产品。

（4）充分运用风险补偿机制。与大数据信息服务公司和国家融资担保基金合作，构建企业信用综合评价体系，以国家融资担保基金构建的政府性融资担保体系作为风险分担机制，支持科创型小微企业开展技术转化、产业升级，额度最高500万元。结合各地市政府“人才贷”风险补偿机制，支持山东省内高层次人才长期所在的小微企业日常经营周转和创新创业活动的标准化授信业务。

10.3 创新科创金融服务设施的科技支持

10.3.1 打造“泉融通”综合融资服务平台

济南市综合融资服务平台（以下简称“泉融通”平台）按照数字金融服务平台、公共数据信用平台加金融服务管家中心的总体设计，以“数据治理及应用、金融产品及服务、业务生态及建设”为三大功能定位，为济南全市科创企业提供高效融资服务。“泉融通”平台由济南市委金融办、济南市大数据局联合主办，授权给济南财金数科建设运营，于2023年12月正式上线。

截至2024年9月末，“泉融通”平台已吸引109家金融机构（地方金融组织）入驻，上架375款金融产品及服务，注册用户达3.5万户，累计授信3.6万笔、共224亿元，累计放款3.6万笔、共223亿元。

平台主要创新做法包括：

（1）打造科创金融服务“新”体系。围绕济南市科创金融改革试验区建设要求，整合济南全市科技金融机构资源，积极探索“投贷担保”“政金企”等服务模式，不断加强对种子期、初创期科创型企业金融供给和服务支撑。

（2）创新公共数据增信“新”路径。“泉融通”平台将济南市工商、年报数据与科技部火炬中心专利、软著、商标等数据深度融合，创新研发“泉融科创分”科创企业评价模型，积极联合金融机构共同研发公共数据增信专项融资产品，提升释放公共数据要素价值。

（3）创新线下金融服务“新”模式。通过建立“内部协同+资源整合”的机制，实现线下金融服务“在泉城、全程办、全办成”。一方面，充分利用济南财金集团多金融牌照优势，组建实体化“金融服务管家中心”，满足客户全生命周期、各融资场景金融服务需求。另一方面，联合济南各区县金融辅导专班、金融辅导队、区县工信局、政务服务中心等，围绕济南市重点支持领域，为企业提供创新性、综合性金融服务。

（4）构建线上数字服务“新”生态。平台按照“多终端协同、专区化运作、一站式服务、全线上办理、数字化赋能”的建设思路，围绕企业需求研发了融资服务端，围绕金融机构需求研发了运营管理端，围绕政府需求研发了政府端，建立平台“全链条和全周期”的金融服务模式，实现融资交易平台线上撮合，直接完成融资交易，实现了“一网”全覆盖、“一键”全办理、“一站”全服务的功能。

10.3.2　创设数字人民币业务融合服务平台

数字人民币是适应数字经济时代的新一代金融基础设施，是独立于现有银行账户体系和第三方支付体系外的数字现金体系，国内大型商业银行已经纷纷通过直连方式接入人民银行互联互通平台，但作为科技力量相对薄弱的中小银行，暂不具备直连接入的条件。山东省城市商业银行合作联盟有限公司（以下简称城商行联盟）以助力中小银行响应国家战略，积极参与推广数字人民币业务为目标，采用单实例多法人的模式统一建设数字人民币系统，统一搭建数字人民币融合服务平台，为联盟服务成员银行提供数字人民币接入通道，让数字人民币服务触手可及。

目前，该平台系统已经完成了11家成员银行的业务对接工作，并积极拓展数字人民币应用场景十余种。该系统是全国金融行业数字人民币业务系统建设中唯一采用单实例多法人模式建设同平台对接多个运营机构的数字人民币业务的系统。数字人民币项目上线后，该系统已分别接入城银清算公司、中国银行、邮储银行、建设银行、农业银行、交通银行、兴业银行等数字人民币运营机构，完成了12家成员行的系统上线工作；已完成钱包开立或授权合计3.6万个，交易笔数约8.3万笔，交易金额高达8.5亿元。同时该系统为成员银行拓展数字人民币业务在供应链金融、绿色票据、薪资代发、党费缴纳、信贷发放、国库集中支付、缴税、汽车补贴、红包活动等方面的创新场景应用，并实现中小银行多终端渠道拓展数字人民币业务，助力开展精准营销，增加获客渠道。

主要创新做法包括：

（1）采用单实例多法人模式。单实例多法人，是指在保证各城商行独立法人地位不变、业务处理规则独立的前提下，IT资源“共享服务”的模式。共用核心综合业务系统及数字人民币服务平台，基于先进、灵活的IT架构和云平台下的集群部署，做到业务数据、支付账务等同一后台集中处理，资源、服务共享，节约运营成本，最大限度地共同提升IT运维水平，从而提升成员银行的群体竞争力；通过共同建设实现技术、资源共享，大大降低了各成员银行的研发投入成本及运维成本。

（2）搭建稳定的风控体系。平台运用五层风险防控体系，支付风险防控多方协同，联合防控。会计核算支行层面配置往来户，往来账业务被成员银行/人民银行互联互通受理后将受理行与总行清算中心往来户对转，便于业务人员实时核对账务。针对资金流入流出业务统计，分析钱柜余额承载量，智能预警钱柜余额，实现数币业务资金风险智能化管理。特色批次对账记账智能化处理，完成自动对账减少人工干预，智能查缺补漏，提升业务时效性、完整性。搭建系统级实时告警体系，针对主机异常、通信异常、中间件异常、程序异常、数据异常等影响业务运行的警告或错误实时告警，同时实现网络线路实时切换，热点接口软负载等功能。采用每日系统体检，在交易量较小时段，系统会自动启动体检程序，体检不仅针对系统层面，也针对业务层面。

（3）提供个性化配置模块。灵活参数化配置，保障特色业务处理。业务运行中，成员银行可以通过新增或调整参数的方式，达到本行特色业务的参数化处理，实现成员银行特色需求即时生效，快速把控市场营销策略，保障业务系统个性化及连续性。

（4）集成三大智能预警平台。短信提醒平台，实现业务异常短信提醒机制；智能任务中心平台，为银行业务人员提供柜面待处理业务提醒，任务中心联动待办业务，实现客户化、视图化、任务化操作，让业务人员操作方便、简单易懂，提高客户体验；运维告警平台，实现业务实时检核、日结检核、批次检核等多维度检核模型，实时告警运维人员，快速开展系统及业务排查工作，提高系统健壮性和业务安全性。

（5）数币功能模块拓展性高。支持在系统层面实现功能模块拓展，后续可以灵活接入各数字人民币业务平台，共同构建数字人民币应用生态，有利于数字人民币用户增加业务应用场景，助力成员银行获客，以及提高客户活跃度。

（6）接口整合标准化程度高。城商行联盟数字人民币系统整合各家运营机构功能接口，将数字人民币服务功能输出标准化接口给成员银行外围系统，行方无须进行大规模改造，可以实现快速、无感对接数字人民币系统，减轻关联系统改造压力，保证业务上线投产效率。

10.3.3　打造供应链票据融资服务平台

山东高速通汇资本积极以票据科技创新赋能地方科创企业发展，其自主研发的通汇数科供应链平台于2022年成功实现与上海票据交易所新一代票据业务系统同步上线后，先后完成了全国首笔由民营银行完成的供应链票据“秒贴”业务、全国首笔“担保公司承兑保证增信”项下的供应链票据业务、全国首笔供应链财司票签发+贴现业务、全国首单供应链票据资产证券化产品发行等创新业务落地，成为全市场首个完成供应链票据全品种、全模式创新实践的科技平台，在行业成功树立了新型支付结算工具应用推广的“山东模式”。截至2024年2月底，通汇数科供应链平台累计发生供应链票据业务756亿元，服务企业超过1万家，其中绝大多数为小微企业。

主要创新做法包括：

（1）围绕票据场景化应用落地平台功能。平台除提供供应链票据签发、背书、贴现、提示付款等主要业务功能外，还针对各产业链多元化用票场景，通过对接国税发票信息系统、核心企业财务共享中心系统、地方财政支付系统等数据，综合运用企业信息认证、OCR 图像识别、数字证书及电子签名等先进技术，从技术层面实现了企业票据业务操作与供应链信息的智能化匹配，为核心企业提供了业务办理入口的场景化部署以及票据流转全链信息的管理后台，优化了供应链票据账号与企业资金结算账号的“一对多绑定”服务，统一了核心企业诸多产业链企业用票环境，为平台客户围绕票据业务开展合规化运营和风险控制提供了有力保障。

（2）大幅提升小额票据使用能效。平台充分运用供应链票据率先实现可找零功能的便捷支付属性，以转付票据的方式推动产业链路上的各企业实现账期的零成本衔接，激活全产业链的流动性，促进了产业链末端中小企业持有小额票据办理融资比例的提升，实现了各参与企业的财务成本大幅压降。与此同时，平台解决了市场供、需两方面的信息不对称，即平台合作的商业银行可以通过“机构客户端”将商票贴现的办理信息直接展示给持票企业，提升了票据融资可得性的同时，也使核心企业增强了统筹管理资金与授信的能力，使商业银行提升了线上获客的效率，形成了多方共赢的良性生态。

（3）积极丰富票据融资支持路径。针对规模较小的出票人企业较难在商业银行取得商票保贴额度的情况，平台运用新一代票据系统的质押、保证等重要功能，积极协调了其所属集团母公司本部为其所签发的供应链商票作为承兑保证人，并结合平台“融资服务直达”的机制，打通了产业链上中小微企业共享核心企业优质信用的操作路径，实现了票据融资服务覆盖面提升和服务成本的压降。此外，平台还创新引入债券市场资金对持票中小企业的支持，2023 年 11 月在全国率先发行了“通汇数科 2023 年度第一期鲁高速—路桥集团供应链票据定向资产支持商业票据”，以直接融资方式有效盘活了 95 家中小型持票企业的 125 笔供应链票据资产，丰富了中小企业的融资模式，在“引金融活水”的同时，做到了“精准滴灌”。

10.3.4 共建跨区域反欺诈联防联控体系

城商行联盟立足银行账户风险管控领域建设企业级反欺诈体系，完成国内首家跨地域多城商行共建反欺诈体系建设，在反欺诈领域实现联防联控，通过经验共享、知识互补的措施，有效弥补中小城商行科技信息基础建设薄弱、应用体系相对单一等短板。目前，该系统已在齐鲁银行、莱商银行进行落地，并推广至山东省内 13 家城商行、42 家村镇银行及省外 4 家城商行。已部署风控模型规则 6400 余条，平均每年监控 7.6 亿笔交易、预警 2000 余万条；事中风控场景累计拦截 5700 余位风险客户、3.8 万笔交易、153 亿元资金转移，并对 1200 余个涉案账户进行止付，止付资金 1300 余万元，从预警数量及涉诈客户数来看，反电诈效果显著，有效遏制了电信网络诈骗上升的势头。

主要创新做法包括：

（1）实时数据风险探测。利用准实时数据分析及风险探测技术实现事后账户业务监测与风险预警，在实现业务监控的同时基于人行 120 号文，利用机器学习技术针对磁条交易风险防控场景进行模型建设及常态化交易监控，通过第一阶段的系统建设为银行提供了丰富的账户风险识别工具，实现账户风险快速识别。

（2）“事前预警+事中拦截”风险管控。事前设备风险管控、事中交易风险拦截，在风险交易发生时实现风险识别，阻断风险交易，更好地保障银行交易安全。利用移动设备态势感知技术识别交易设备风险、建立风险设备认定规则体系，禁止高风险设备进行交易。同时鉴于渠道交易的多样性、场景的复杂性、交易的及时性等特点，系统利用全新实时数据处理架构实现了联盟级海量交易明细数据实时计算，进一步夯实了系统的数据处理底座，进而通过建立灵活、多样、低延时的模型处理体系实现多渠道事中交易风险管控。

（3）利用外部数据应用拓展反欺诈系统数据来源。利用外部数据应用，提高风险账户的防控能力，提升系统竞争力，充分利用联盟已有的系统基础和能力建立高风险账户特征库，进而建立账户风险管控模型，识别账户风险实现账户风险量化管理。

（4）快速响应监管要求。在围绕反欺诈体系建设的同时，城商行联盟紧跟监管步伐，2023 年收到人民银行《关于部署“银行对公账户实时风控模型”的通知》后充分利用已有反欺诈体系建设经验，在现有反欺诈体系的基础上面对客户量级高、数据量大、业务场景复杂、事中时效性高等多种问题，在10天内完成模型体系建设及部署，进一步夯实反欺诈体系。

（5）构建数字化风控生态体系。城商行联盟建设的交易反欺诈体系旨在打造“数智化”“多业务”“全方位”的风控体系，构建“数智化”全场景的反电诈风险防控体系，实现数据实时共享和应用互联互通，这不仅有助于提高风险管理效率，还能为多业务协同创造条件；采用组件化模式以支持多业务协同，通过构建以数据集市、特征库和数据模型为基础层的数字化风控生态体系，以确保全流程、全渠道、全场景的覆盖。完善全方位的智能化风控运营和监控体系，实时监控风险状况，预警潜在风险并计量风险水平，有助于构建决策闭环，提高风险管理效果。

第十一章　纵深推进，续写科创金融改革“济南篇章”

济南作为全国首个科创金融改革试验区，试验两年多以来，已经在全国范围内起到了良好的先行先试示范作用。随着改革试验工作迈入第三个年头，济南应当深入贯彻落实党的二十届三中全会精神，聚焦做好“科技金融”大文章，加快构建同科技创新相适应的科技金融体制，健全科创金融配套政策体系，创新科技金融产品体系，加强对重大科技任务和科技型中小企业的金融支持，完善长期资本投早、投小、投长期、投硬科技的支持政策，保持科创金融改革试验先发优势，为推动金融强国建设贡献济南力量。

11.1　培育壮大长期资本和耐心资本，助力新质生产力发展

积极发挥政府基金对长期资本和耐心资本的带动作用。加强同国家相关部委和央企的紧密联系，积极引进国家级大基金、子基金落地济南，持续跟踪山东省政府产业基金动向，推动更多省级基金在济南注册落地。优化政府引导基金政策体系，结合产业发展实际设定投资存续期，建立科学合理的让利机制，加强市、区两级政府引导基金联动，强化对投早、投小、投硬科技的引导支持。依托济南科创金融改革试验区建设，引导保险资金加强机制创

新、产品创新，采取逐步扩大投资比例等方式与优质股权投资机构合作，加大对济南战略性新兴产业和未来产业领域的投资力度。实施专项资金改革措施，将部分产业补助资金改为综合性市场化母基金，放大财政资金效能。加快对政府和国有企业出资的创投基金的管理机制改革，建立健全符合行业特点和发展规律的管理体制和尽职合规责任豁免机制。

构建多元化基金矩阵。紧紧围绕济南四大主导产业和十大标志性产业集群，积极推行“链主企业+CVC”模式，推动链主企业围绕本产业链关键环节开展股权投资，鼓励政府引导基金、母基金、市属国资等加大对 CVC 基金的出资力度，推动全市各类产业园区与 CVC 基金加强合作联动，形成产业链上下游企业集聚效应。打造济南 CVC 投资大厦，集聚 CVC 投资机构，推动设立 CVC 联盟，加强信息交流与互动。培育和引进更多私募股权二级交易基金（S 基金），促进股权投资和创业投资份额转让与退出，有效增强创业投资资本服务科技创新能力。

用好金融资产投资公司股权投资扩大试点政策。要积极对接工银投资、农银投资、中银资产、建信投资、交银投资的投资需求，鼓励五大金融资产管理公司参与济南产业基金、市场化基金及市场化债转股项目投资，加强优质科创项目储备推介。从引入耐心资本、长期资本的角度，国家未来有望将金融资产投资公司试点企业扩大至其他大型商业银行。济南要前瞻性地研究恒丰银行、齐鲁银行等大型商业银行设立金融资产投资公司的意愿与可行性，及早谋划，争取率先纳入试点。

抢抓资本市场政策推动新兴产业跨越式发展。2024 年 9 月 26 日，中央金融办、中国证监会联合印发《关于推动中长期资金入市的指导意见》，济南要抓住引导中长期资金入市、鼓励并购重组和市值管理等政策窗口期，尽快出台《支持济南上市公司高质量发展的政策》，对新兴产业领域上市公司并购重组、市值管理、大股东回购和增持股票等给予金融支持和奖励扶持。加快组建济南市产业并购母基金，围绕战略性新兴产业、未来产业等进行并购重组，导入一批优质资源。指导济南国有上市公司开展并购重组，加快资产置换，将优质资源向上市公司集中，做大上市公司市值。

11.2 创新多元联动科技金融服务模式，扩大科技金融覆盖面

推动科创金融产品创新。济南应持续强化针对科创主体不同生命周期阶段、不同融资特点，引导辖内金融机构从信贷、保险、担保等多方面加大产品和服务创新，积极探索差异化、精细化支持路径。鼓励银行机构聚焦科技创新型企业信贷服务，开展科技成果转化贷款、知识产权质押贷款、股权质押贷款、应收账款质押贷款、商业票据质押贷款、“专精特新”贷款等融资业务。加大“科研贷”专项产品推广力度，推动齐鲁银行对“科研贷”产品进一步优化完善，根据企业研发周期、研发投入需求灵活匹配贷款方式、额度和期限，扩大产品覆盖面。积极推动“人才贷”落地见效，通过海右人才节、双创大赛、人才路演、专题人才政策宣讲等活动形式，加大宣传力度，扩大“人才贷”在好企业、好人才的覆盖面。创新开展高层次人才创业保险，推广“关键研发设备损失保险”“研发费用损失保险”“高层次人才人身保障保险”等主险产品及相应附加险，为创业企业提供从研发到成果转化及创业过程中的全方位、全周期的保险服务保障。用好科技创新和技术改造再贷款，面向驻济金融机构发布“制造业中长期贷款项目库”“碳金融项目库”“科技型企业融资项目库”“技术改造再贷款项目库”等入库项目清单和备选企业名单，在政策期内和资金限额范围内，为全市科创企业争取更多低成本信贷支持。

推动科创金融服务创新。探索投贷联动业务开展新模式，借鉴嘉兴银行成立孪生投资公司开展投贷联动的业务模式，充分论证由济南财金联合齐鲁银行部分股东成立创投公司与齐鲁银行共同开展投贷联动业务的可行路径，争取在外部投贷联动上有实质性突破。鼓励银行机构借鉴深圳“腾飞贷”模式，在风险可控前提下探索“贷款+远期权益”等业务，推动在科技创新型企业生命周期中前移金融服务。积极推动齐鲁银行理财子公司尽早获批，为探索内部投贷联动打下基础。强化市属金融平台各板块在科创金融服务的协同效应，推动济南财金集团依托各子公司融资担保、融资租赁、商业保理、小

额贷款、基金管理、期货牌照等资源，各业务板块协同发力，充分放大国有金融资本，实现投、担、贷、融、租联动，建立科技金融风险补偿政策与政府性融资担保的融合机制，为科创企业提供全生命周期、全链条的综合金融服务。推广“金融辅导+科技辅导”服务模式，建立科技辅导员专家库，探索建立“金融辅导员+科技辅导员”工作协调机制，搭建“金融辅导员+科技辅导员”服务模式，推动人才下沉、科技下沉、资金下沉，共同为全市科创企业提供多元化、全要素的辅导与管家服务，实现“融资+融技+融智”一站式服务功能。

11.3 健全完善科技金融组织体系，打造科技金融专业品牌

优化提升科技金融（特色）机构。鼓励科技金融（特色）机构明确自身的特色化定位，聚焦于科技创新领域，为科技型企业提供专业化的金融服务，可以专注于某些特定行业或技术领域的金融服务，形成独特的品牌优势。鼓励科技金融（特色）机构根据机构自身实力和市场需求，设定合理的发展目标，根据业务发展和客户需求，调整和优化组织架构，完善风险评估体系、内部控制机制以及员工培训，确保各部门之间协同高效运作，可以从业务规模、客户数量、服务质量等方面设定考核激励机制，促进机构能够持续、稳健地发展。

强化地方金融组织科技金融服务功能。建立完善省、市、区三级联动再担保体系，通过再担保机构的分险合作、信用增进、资金支持等方式，增强政府担保机构资本实力和增信功能。鼓励设立科技小额贷款公司、科技融资担保公司、融资租赁公司等，拓宽科创企业融资渠道。支持银行保险机构与小额贷款公司、融资租赁公司等地方金融组织合作，提升行业风控能力。

优化科创服务中介服务体系。引导会计、审计、法律、征信、咨询、评估等中介服务机构集聚发展，为科创企业全生命周期提供投融资、政策咨询、税务指导、法律援助、人才支撑等多方位的创业服务支持。鼓励设立知识产

权专营机构，引进一批、布局一批从事技术转移转化的经纪机构、咨询机构、投资机构和培训机构，建立健全科技成果评估、定价、流转等服务供给。

11.4　完善科技金融政策体系，形成共建共治的科技金融生态

推进科创金融综合服务平台建设。推进科创金融综合服务平台建设是激发科技创新活力、促进科技成果转化、助力科创企业成长的重要举措。济南应持续提升“泉融通”平台功能，加大平台推广使用力度，将更多科创企业信息特别是初创期科创企业信息纳入平台，增加券商、私募股权投资机构等相关信息，为银行和投资机构开展投贷联动创造机会。同时，全面开展数据运营业务，积极参与公共数据治理、开发工作，加快推进公共数据专项增信产品落地，通过大数据在金融场景的应用，释放公共数据信用价值，实现线上金融与实业互相支撑，供应链、产业链、资金链数据资源共享的金融大数据生态圈。

完善精准有效的科创金融服务政策。尽快出台《济南培育长期资本、耐心资本实施意见》，探索将创投行业视同科技服务行业享受相关支持政策，改革创投行业税收机制，完善政府和国有企业出资基金管理机制，优化基金设立和投资的奖补机制。完善科技成果转化制度，鼓励高校和科研院所构建科技成果转化自主决策和市场化定价机制，优化科研人员职务发明成果权益分享机制和成果转化收益分配制度，推动开展科技成果持股改革试点。加强省、市、区科创金融政策组织协调，建立工作联系会议制度，构建跨部门的科创金融沟通机制，共同研究商议科创金融战略协同、政策协调、机制接口、风险防范等系列问题。对金融机构引进既懂金融又懂科创的复合型人才给予奖励，提高科创金融服务专业化水平；依托相关高校、金融机构、创投机构、科创企业多方共建“济南市科技金融人才产教融合联盟”，围绕复合型科技金融人才培育开展实践实训基地、课程建设、就业职业指导、资源共享等多元化合作，不断提升科技金融创新人才培养质量和水平。

大力推动盘活知识产权价值。知识产权金融作为一种新型金融业态，近年来取得长足发展且广受市场关注，促进知识产权与金融资源的有效融合，可以帮助企业盘活专利等无形资产减值，有助于引导金融资本向高新技术产业转移，推动成果转移转化。济南应积极应用山东金融资产交易中心知识产权交易平台、知识产权挂牌系统，开展知识产权评估、定价、托管、挂牌、交易、拍卖等专业服务，推动知识产权价值实现和市场发展。完善知识产权质押融资配套服务，依托山东齐鲁知识产权投资运营有限公司线上评估系统，构建科创企业知识产权评价模型，积极探索基于高价值知识产权本身、不依赖其他抵质押担保增信措施的知识产权质押融资业务。

全力推进核心区建设。济南中央商务区（CBD）和中央科创区（CTD）是济南金融资源和科创资源最为集聚的区域，CBD 作为城市经济发展的中枢，集中了大量的经济、金融资源，而 CTD 则作为科技创新的重要区域，集聚了大量科创资源，CBD 和 CTD 两者只有联动发展，将金融资源与科创资源有机地结合，才能发挥出“1+1>2”的效果，形成“科技—金融—产业”的良性循环。济南应进一步提升 CBD 和 CTD 科创金融发展质效，依托齐鲁科技金融大厦等平台载体，整合政、产、学、研资源，汇聚各类科技服务中介和金融机构，深化山东科技大市场建设，促进科技成果转化，塑强试验区建设主阵地优势地位。

附录　2023年中国城市科创金融指数指标数据

二级指标	单位	年份	北京	上海	深圳	长春	大连	哈尔滨
普惠小微企业贷款余额占全部比重	%	2023	8.64	9.83	18.34	10.46	5.77	7.26
单位 GDP 科创型企业直接融资增量	%	2023	1.08	1.51	0.97	0.12	0.09	0.10
科创型企业当前融资便利度评分	分	2023	95.24	114.85	96.08	96.00	88.24	89.42
科创型企业当前融资成本优化水平评分	分	2023	77.14	98.06	93.14	102.97	93.07	96.12
金融机构专项科创融资供给情况	分	2023	149.09	164.44	100.00	106.06	92.86	108.62
科创型企业未来融资扩大意愿评分	分	2023	170.48	165.38	140.95	138.24	144.23	141.35
全社会研发投入强度	%	2023	6.83	4.40	5.81	0.99	3.20	2.79
科创型企业研发扩大意愿评分	分	2023	162.00	170.00	172.13	146.15	167.35	170.21
科创型企业投资扩大意愿评分	分	2023	130.00	103.33	140.98	107.69	87.76	134.04

续表

二级指标	单位	年份	北京	上海	深圳	长春	大连	哈尔滨
私募股权投资规模与 GDP 之比	%	2023	1.54	0.83	1.20	0.09	0.02	0.10
私募股权投资需求扩张评分	分	2023	173.81	138.46	106.45	127.59	127.59	130.56
财政科技支出占比	%	2023	5.46	5.48	7.26	1.40	1.09	1.07
科创产业整体发展评分	分	2023	188.57	184.76	160.00	154.29	153.33	146.67
科创产业发展潜力评分	分	2023	189.52	185.71	181.90	168.57	161.90	167.62
单位 GDP 高新技术企业数	家/亿元	2023	0.63	0.47	0.67	0.33	0.48	0.42
单位 GDP 国家级专精特新“小巨人”企业数	家/百亿元	2023	1.73	1.38	2.11	0.56	0.87	0.72
单位 GDP 上市科创企业数	家/千亿元	2023	3.75	2.90	4.28	0.71	0.46	0.36
单位 GDP 上市科创企业总市值	%	2023	41.40	42.74	53.04	6.79	1.94	1.23
人均 SCI 论文发表数	篇/万人	2023	94.44	40.30	24.48	22.70	25.15	29.45
人均新增发明专利授权量	件/万人	2023	49.35	17.82	34.99	6.78	5.92	6.26
科创金融政策支持力度评分	分	2023	157.69	167.62	138.10	143.56	150.50	148.54
政府引导基金发展情况评分	分	2023	158.65	135.29	122.12	123.40	129.29	120.19
获得政府性融资担保服务评分	分	2023	159.22	132.69	131.31	122.33	120.41	116.67
科技保险渗透情况评分	分	2023	159.09	145.28	125.71	137.74	121.21	139.53
综合金融服务平台发展评分	分	2023	161.90	139.22	138.61	140.78	126.26	115.00
单位人口国家级创新载体数	家/百万人	2023	11.67	6.23	9.78	3.85	6.50	3.54
科创金融创新氛围评分	分	2023	166.67	146.67	139.53	129.69	118.87	135.71
科创金融发展潜力评分	分	2023	156.36	168.18	110.00	125.81	109.43	138.89

续表

二级指标	单位	年份	沈阳	济南	青岛	石家庄	天津	杭州
普惠小微企业贷款余额占全部比重	%	2023	5.79	8.49	9.34	8.71	8.54	17.17
单位 GDP 科创型企业直接融资增量	%	2023	0.50	0.16	0.12	0.04	0.39	0.72
科创型企业当前融资便利度评分	分	2023	84.47	113.40	100.00	90.29	98.08	101.94
科创型企业当前融资成本优化水平评分	分	2023	86.27	108.12	110.78	81.55	104.95	108.65
金融机构专项科创融资供给情况	分	2023	100.00	143.27	120.97	127.12	118.60	148.78
科创企业未来融资扩大意愿评分	分	2023	146.67	159.05	125.96	135.00	147.57	137.14
全社会研发投入强度	%	2023	2.97	2.72	3.29	2.52	3.66	3.90
科创型企业研发扩大意愿评分	分	2023	147.50	157.14	155.81	163.04	150.00	158.46
科创型企业投资扩大意愿评分	分	2023	117.50	123.21	97.67	97.83	109.68	132.31
私募股权投资规模与 GDP 之比	%	2023	0.06	0.27	1.27	0.04	0.88	1.13
私募股权投资需求扩张评分	分	2023	100.00	125.81	120.83	117.24	120.59	129.63
财政科技支出占比	%	2023	3.23	3.41	2.49	2.13	2.35	9.22
科创产业整体发展评分	分	2023	147.17	173.14	148.57	164.76	155.24	165.09
科创产业发展潜力评分	分	2023	164.15	183.62	148.57	180.00	175.24	182.08
单位 GDP 高新技术企业数	家/亿元	2023	0.53	0.45	0.43	0.42	0.64	0.64
单位 GDP 国家级专精特新“小巨人”企业数	家/百亿元	2023	0.97	1.03	1.05	0.86	1.35	1.61
单位 GDP 上市科创企业数	家/千亿元	2023	0.86	1.18	0.63	0.53	0.84	3.14
单位 GDP 上市科创企业总市值	%	2023	16.85	7.91	3.63	2.80	15.75	20.91
人均 SCI 论文发表数	篇/万人	2023	23.00	35.38	30.28	7.39	26.57	44.39

续表

二级指标	单位	年份	沈阳	济南	青岛	石家庄	天津	杭州
人均新增发明专利授权量	件/万人	2023	6.33	14.41	15.01	3.50	10.49	25.13
科创金融政策支持力度评分	分	2023	138.00	151.46	144.00	150.00	155.24	166.67
政府引导基金发展情况评分	分	2023	114.56	141.15	110.89	122.77	125.51	131.73
获得政府性融资担保服务评分	分	2023	111.00	135.82	118.81	130.00	122.12	132.38
科技保险渗透情况评分	分	2023	144.90	137.70	148.08	146.15	118.00	150.91
综合金融服务平台发展评分	分	2023	117.82	161.39	129.59	140.78	129.00	148.57
单位人口国家级创新载体数	家/百万人	2023	4.45	5.09	11.28	3.56	10.63	11.98
科创金融创新氛围评分	分	2023	123.08	164.89	132.20	152.63	156.10	141.46
科创金融发展潜力评分	分	2023	104.84	161.36	130.91	141.38	139.02	140.00
二级指标	单位	年份	南京	宁波	苏州	温州	无锡	广州
普惠小微企业贷款余额占全部比重	%	2023	10.01	17.12	10.48	29.25	14.52	11.12
单位 GDP 科创型企业直接融资增量	%	2023	0.40	0.16	1.05	0.04	0.63	0.24
科创型企业当前融资便利度评分	分	2023	91.35	106.00	90.48	81.37	97.09	108.82
科创型企业当前融资成本优化水平评分	分	2023	103.88	100.98	93.07	96.97	97.03	99.05
金融机构专项科创融资供给情况	分	2023	124.14	89.66	124.14	115.38	111.29	129.17
科创型企业未来融资扩大意愿评分	分	2023	138.83	136.27	124.51	138.83	144.23	141.90
全社会研发投入强度	%	2023	3.82	2.76	4.10	2.70	3.40	3.43
科创型企业研发扩大意愿评分	分	2023	159.57	165.96	168.09	162.50	160.47	163.79
科创型企业投资扩大意愿评分	分	2023	136.17	142.55	108.51	107.50	127.91	118.97

续表

二级指标	单位	年份	南京	宁波	苏州	温州	无锡	广州
私募股权投资规模与 GDP 之比	%	2023	1.32	0.80	1.52	0.24	1.44	0.83
私募股权投资需求扩张评分	分	2023	127.03	120.69	130.43	136.36	141.38	109.38
财政科技支出占比	%	2023	6.12	8.15	10.30	3.73	5.03	6.64
科创产业整体发展评分	分	2023	162.86	147.62	156.19	154.29	153.33	173.58
科创产业发展潜力评分	分	2023	174.29	168.57	168.57	174.29	170.48	188.68
单位 GDP 高新技术企业数	家/亿元	2023	0.53	0.32	0.55	0.42	0.36	0.41
单位 GDP 国家级专精特新“小巨人”企业数	家/百亿元	2023	1.17	2.02	1.59	1.58	1.50	0.76
单位 GDP 上市科创企业数	家/千亿元	2023	1.84	0.79	3.16	0.46	1.55	1.42
单位 GDP 上市科创企业总市值	%	2023	12.09	4.77	26.70	1.64	21.28	8.31
人均 SCI 论文发表数	篇/万人	2023	83.29	12.68	13.52	8.42	11.66	35.79
人均新增发明专利授权量	件/万人	2023	29.86	8.83	20.70	3.82	15.64	18.81
科创金融政策支持力度评分	分	2023	150.48	148.57	147.06	149.51	145.63	144.66
政府引导基金发展情况评分	分	2023	133.33	114.71	118.00	140.40	125.77	130.30
获得政府性融资担保服务评分	分	2023	127.72	116.35	124.24	121.78	121.36	135.00
科技保险渗透情况评分	分	2023	132.69	134.69	140.00	131.58	126.32	136.00
综合金融服务平台发展评分	分	2023	147.57	127.27	125.49	139.22	145.00	141.75
单位人口国家级创新载体数	家/百万人	2023	13.20	5.36	12.12	2.15	7.20	6.75
科创金融创新氛围评分	分	2023	150.88	123.21	140.35	154.24	136.07	135.42
科创金融发展潜力评分	分	2023	122.22	120.75	120.75	115.00	136.21	136.17

续表

二级指标	单位	年份	福州	厦门	海口	长沙	合肥	南昌
普惠小微企业贷款余额占全部比重	%	2023	17.47	21.12	9.72	10.87	12.16	9.18
单位 GDP 科创型企业直接融资增量	%	2023	0.08	0.41	0.32	0.46	0.70	0.07
科创型企业当前融资便利度评分	分	2023	90.00	90.48	103.85	89.11	97.03	34.16
科创型企业当前融资成本优化水平评分	分	2023	88.12	84.16	97.98	98.08	100.00	95.19
金融机构专项科创融资供给情况	分	2023	114.52	98.46	91.30	90.74	125.42	108.77
科创型企业未来融资扩大意愿评分	分	2023	142.57	132.67	134.29	122.12	136.54	133.33
全社会研发投入强度	%	2023	2.58	3.30	2.29	3.18	3.91	1.93
科创型企业研发扩大意愿评分	分	2023	160.47	157.50	148.65	152.94	163.04	154.17
科创型企业投资扩大意愿评分	分	2023	130.23	120.00	116.22	90.20	117.39	137.50
私募股权投资规模与 GDP 之比	%	2023	0.27	2.14	0.89	0.36	0.99	0.20
私募股权投资需求扩张评分	分	2023	140.00	130.00	148.48	125.00	134.48	129.73
财政科技支出占比	%	2023	1.84	5.68	1.64	5.17	17.43	4.02
科创产业整体发展评分	分	2023	149.52	146.67	148.11	155.24	158.10	152.38
科创产业发展潜力评分	分	2023	176.19	179.05	165.09	168.57	176.19	163.81
单位 GDP 高新技术企业数	家/亿元	2023	0.30	0.45	0.40	0.46	0.51	0.26
单位 GDP 国家级专精特新"小巨人"企业数	家/百亿元	2023	0.46	1.79	0.25	1.24	1.48	0.44
单位 GDP 上市科创企业数	家/千亿元	2023	0.70	1.74	1.27	1.67	2.05	0.41
单位 GDP 上市科创企业总市值	%	2023	4.70	16.13	12.25	17.10	15.22	1.93
人均 SCI 论文发表数	篇/万人	2023	19.04	25.43	24.33	34.59	30.83	22.45

续表

二级指标	单位	年份	福州	厦门	海口	长沙	合肥	南昌
人均新增发明专利授权量	件/万人	2023	5.92	10.07	5.11	12.32	14.99	7.14
科创金融政策支持力度评分	分	2023	143.69	126.92	152.88	139.42	163.37	143.69
政府引导基金发展情况评分	分	2023	116.00	128.28	122.55	125.24	123.71	105.05
获得政府性融资担保服务评分	分	2023	123.76	118.27	125.00	122.55	122.00	125.00
科技保险渗透情况评分	分	2023	147.92	129.27	148.08	118.75	150.94	130.43
综合金融服务平台发展评分	分	2023	128.71	130.61	134.95	123.00	143.00	127.45
单位人口国家级创新载体数	家/百万人	2023	2.60	10.70	4.87	5.14	6.50	5.51
科创金融创新氛围评分	分	2023	133.33	124.62	123.88	124.53	134.55	135.19
科创金融发展潜力评分	分	2023	131.58	122.03	112.12	127.45	121.57	109.26

二级指标	单位	年份	武汉	郑州	太原	呼和浩特	成都	重庆
普惠小微企业贷款余额占全部比重	%	2023	7.85	8.99	8.39	9.45	9.21	9.66
单位 GDP 科创型企业直接融资增量	%	2023	0.27	0.07	0.03	0.00	0.34	0.10
科创型企业当前融资便利度评分	分	2023	96.08	99.02	77.67	94.12	92.08	100.96
科创型企业当前融资成本优化水平评分	分	2023	90.10	90.00	87.13	80.39	92.86	90.29
金融机构专项科创融资供给情况	分	2023	114.00	77.05	110.94	126.67	112.00	117.07
科创型企业未来融资扩大意愿评分	分	2023	150.49	146.08	138.10	117.31	129.70	144.76
全社会研发投入强度	%	2023	3.51	2.60	2.14	1.68	3.32	2.35
科创型企业研发扩大意愿评分	分	2023	156.36	154.55	148.78	163.64	167.27	159.38
科创型企业投资扩大意愿评分	分	2023	109.09	100.00	100.00	131.82	116.36	132.81

续表

二级指标	单位	年份	武汉	郑州	太原	呼和浩特	成都	重庆
私募股权投资规模与 GDP 之比	%	2023	0. 50	0. 17	0. 07	0. 05	0. 54	0. 24
私募股权投资需求扩张评分	分	2023	134. 21	139. 39	121. 88	95. 24	137. 50	148. 28
财政科技支出占比	%	2023	8. 23	5. 81	5. 26	1. 38	5. 83	1. 93
科创产业整体发展评分	分	2023	153. 33	142. 86	146. 67	140. 38	156. 19	164. 76
科创产业发展潜力评分	分	2023	176. 19	163. 81	173. 33	159. 62	179. 05	173. 33
单位 GDP 高新技术企业数	家/亿元	2023	0. 62	0. 38	0. 34	0. 12	0. 52	0. 21
单位 GDP 国家级专精特新“小巨人”企业数	家/百亿元	2023	1. 52	0. 76	0. 83	0. 13	1. 20	0. 94
单位 GDP 上市科创企业数	家/千亿元	2023	1. 35	0. 73	0. 36	0. 00	1. 54	0. 23
单位 GDP 上市科创企业总市值	%	2023	9. 97	2. 76	3. 44	0. 00	11. 01	1. 66
人均 SCI 论文发表数	篇/万人	2023	44. 65	18. 58	24. 63	12. 99	24. 66	10. 12
人均新增发明专利授权量	件/万人	2023	16. 51	6. 40	8. 26	4. 05	12. 04	4. 48
科创金融政策支持力度评分	分	2023	147. 57	129. 41	150. 49	144. 23	137. 37	160. 19
政府引导基金发展情况评分	分	2023	110. 68	110. 42	132. 00	120. 41	122. 68	128. 00
获得政府性融资担保服务评分	分	2023	119. 80	121. 00	127. 72	125. 00	126. 47	134. 95
科技保险渗透情况评分	分	2023	135. 56	135. 56	134. 29	122. 73	134. 55	146. 94
综合金融服务平台发展评分	分	2023	131. 68	133. 66	126. 73	111. 76	113. 86	146. 15
单位人口国家级创新载体数	家/百万人	2023	9. 00	5. 84	7. 57	4. 99	3. 69	3. 10
科创金融创新氛围评分	分	2023	140. 43	125. 42	135. 48	144. 83	141. 30	129. 27
科创金融发展潜力评分	分	2023	126. 67	105. 45	101. 64	106. 90	119. 15	134. 21

续表

二级指标	单位	年份	昆明	西安	南宁	乌鲁木齐	贵阳	兰州
普惠小微企业贷款余额占全部比重	%	2023	4.84	6.83	5.95	6.51	9.35	6.34
单位 GDP 科创型企业直接融资增量	%	2023	0.04	0.83	0.05	0.00	0.33	0.00
科创型企业当前融资便利度评分	分	2023	86.27	98.00	94.29	81.25	92.16	82.35
科创型企业当前融资成本优化水平评分	分	2023	92.31	83.50	87.13	85.11	114.00	61.22
金融机构专项科创融资供给情况	分	2023	100.00	132.20	131.03	103.13	107.14	150.00
科创型企业未来融资扩大意愿评分	分	2023	134.62	152.43	147.62	134.69	130.77	138.46
全社会研发投入强度	%	2023	1.78	5.23	1.25	0.86	2.00	2.43
科创型企业研发扩大意愿评分	分	2023	172.00	163.04	157.45	145.00	166.67	145.00
科创型企业投资扩大意愿评分	分	2023	104.00	134.78	123.40	125.00	112.50	110.00
私募股权投资规模与 GDP 之比	%	2023	0.04	0.30	0.26	0.09	0.36	0.11
私募股权投资需求扩张评分	分	2023	143.75	137.14	150.00	126.67	142.11	129.41
财政科技支出占比	%	2023	1.06	3.73	1.93	2.52	2.00	1.54
科创产业整体发展评分	分	2023	153.85	156.19	160.00	148.08	144.23	148.08
科创产业发展潜力评分	分	2023	176.92	171.43	180.95	157.69	167.31	157.69
单位 GDP 高新技术企业数	家/亿元	2023	0.23	0.82	0.29	0.13	0.26	0.23
单位 GDP 国家级专精特新“小巨人”企业数	家/百亿元	2023	0.51	1.02	0.33	0.43	0.66	0.26
单位 GDP 上市科创企业数	家/千亿元	2023	0.25	1.75	0.00	0.24	0.58	0.29
单位 GDP 上市科创企业总市值	%	2023	5.55	18.31	0.00	0.93	6.59	0.86
人均 SCI 论文发表数	篇/万人	2023	17.88	42.67	11.93	18.58	15.99	37.31

续表

二级指标	单位	年份	昆明	西安	南宁	乌鲁木齐	贵阳	兰州
人均新增发明专利授权量	件/万人	2023	5.72	14.13	2.68	2.94	4.25	6.12
科创金融政策支持力度评分	分	2023	138.46	149.04	158.65	138.78	144.90	150.00
政府引导基金发展情况评分	分	2023	133.33	129.29	127.18	125.00	106.12	115.69
获得政府性融资担保服务评分	分	2023	140.38	130.69	119.05	122.45	125.49	119.23
科技保险渗透情况评分	分	2023	126.09	143.90	126.32	142.11	120.00	147.62
综合金融服务平台发展评分	分	2023	134.69	136.89	140.95	126.09	126.00	139.58
单位人口国家级创新载体数	家/百万人	2023	4.72	8.03	1.45	8.08	3.59	7.68
科创金融创新氛围评分	分	2023	151.85	146.55	143.86	136.67	100.00	164.52
科创金融发展潜力评分	分	2023	114.81	146.55	120.37	111.11	135.71	140.00

后　记

在“中国城市科创金融指数”研究过程中，各城市统计数据的准确获得以及最新融资状况的问卷调查是最大困难，一些城市统计数据滞后，也直接影响本指数发布时间的及时性。本期报告数据资料得到了济南市、深圳市等地方金融管理部门的大力支持，综合开发研究院（中国·深圳）的刘国宏、张建森、余凌曲、胡彩梅、余鹏、张佩、肖钦、梁姣姣、彭晓钊、陈材杰、张祥、陈珂、庄正等相关同事给予了研究支持，格拉斯哥大学杨仪斌同学参与了部分数据的收集整理工作，在此一并致以衷心感谢。

本课题组联系方式如下：

网站：http：//www.cfci.org.cn

联系人：张祥

电话：0755-82470464

传真：0755-82470202

Email：zx@cdi.org.cn